AF198336

www.tredition.de

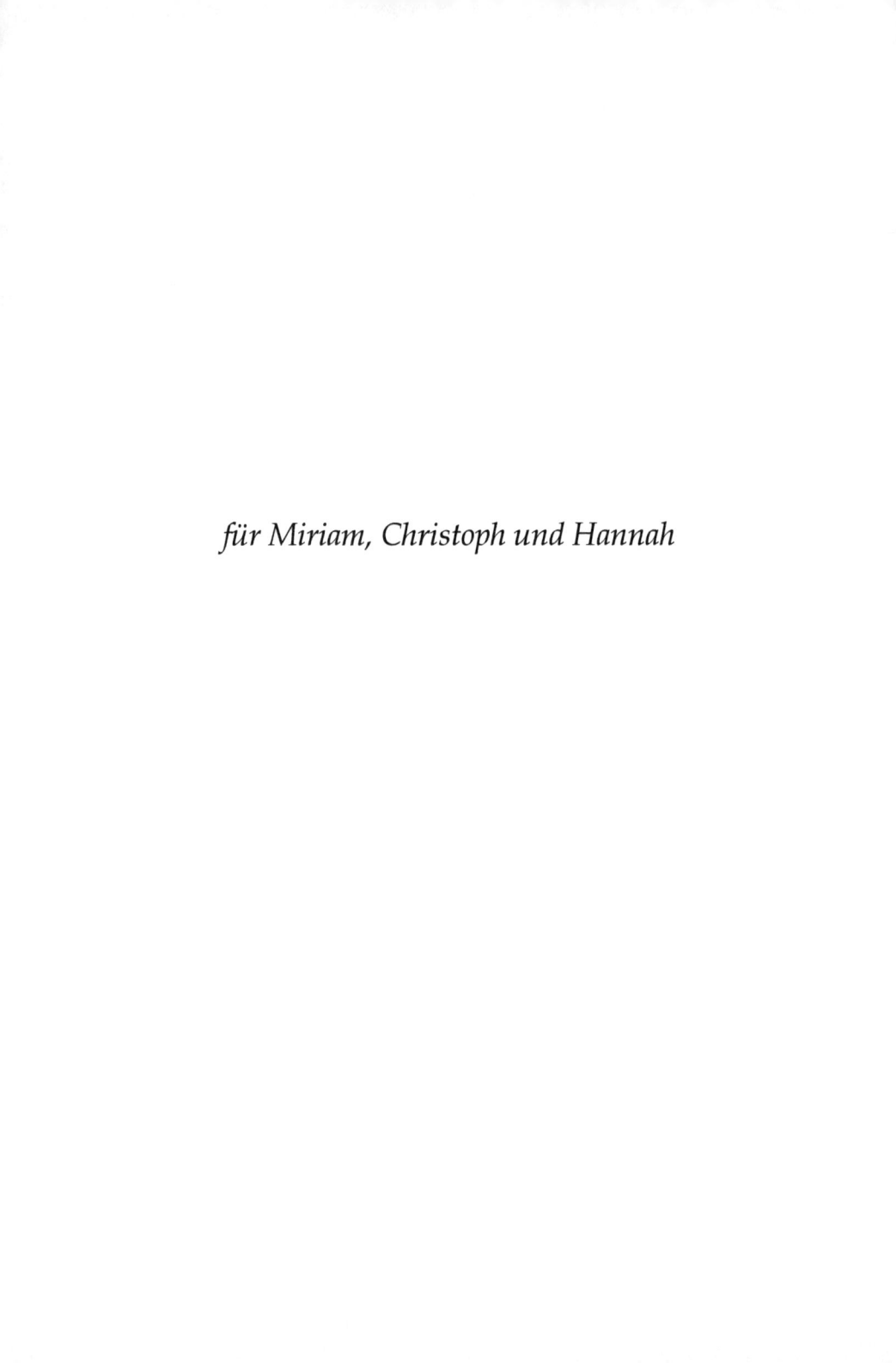

für Miriam, Christoph und Hannah

Gerd Köthe

Ein kleiner Schlüssel

Gedanken, die Türen öffnen können

www.tredition.de

© 2017 Gerd Köthe

Verlag und Druck: tredition GmbH, Grindelallee 188, 20144
Hamburg

ISBN
Paperback: 978-3-7439-2088-0
Hardcover: 978-3-7439-2089-7
e-Book: 978-3-7439-2090-3

Inhalt

Einleitung

Vor vielen Jahren schickte mir jemand eine Karte zu, auf der ein Wort von *Charles Dickens* [1] zu lesen war:

„Selbst eine schwere Tür hat nur

einen kleinen Schlüssel nötig."

Die Bild-Worte von der Tür und von dem kleinen Schlüssel haben mich sofort angesprochen und seitdem auf viele *„kleine Schlüssel"* aufmerksam werden lassen, die selbst *„schwere Türen"* öffnen können. *„Schwere Türen"* gibt es so viele: schwierige Lebenssituationen, eine Lebenskrise, eine Krankheit mit all den Veränderungen, die sie mit sich bringen kann; Probleme in Beziehungen, zu Hause oder bei der Arbeit. Und schwer wird es vor allem dann, wenn wir allein stehen vor solchen und anderen „schweren Türen", wenn keine rechte Hoffnung aufkommt, dass sich wieder etwas zum Positiven wenden kann.

Es tut gut, wenn wir gerade dann einen *„kleinen Schlüssel"* in die Hand bekommen. Die Betonung liegt dabei ganz auf *kleiner* Schlüssel. Der eine wunderbare Schlüssel, mit dem wir alle Schwierigkeiten schnell meistern können, wird eher ein unerfüllbarer Wunsch bleiben. Aber viele kleine Schlüssel gibt es wohl. Schlüssel, die einen selbst und andere weiterbringen, die auf Hilfen aufmerksam machen und Hoffnung geben, dass einmal eine Lösung gefunden wird, auch wenn sie jetzt noch gar nicht erkennbar ist.

In den folgenden Betrachtungen möchte ich auf solche *kleinen Schlüssel* hinweisen. Dies können unter anderem sein: Begegnungen, Gespräche, ein ermutigendes, tröstendes oder auch kritisches Wort, eine Anregung, ein Hinweis. Kleine Schlüssel finden wir oft auch überraschend in Geschichten, in einzelnen Worten aus der Bibel oder in Versen aus Gesangbuchliedern. Deren bildhafte Sprache macht es möglich, eigene Erfahrungen einzubringen und zugleich auf eine Stimme zu hören, die tröstet und eine neue Aussicht aufschließt.

Der hier zusammengestellte Schlüsselbund ist natürlich ein sehr persönlicher. In den Texten weise ich auf die Schlüssel hin, die mir im Lauf der Jahre besonders wichtig geworden sind und die sich bewährt haben. Gleichwohl bin ich auf viele kleine Schlüssel erst richtig durch Begegnungen aufmerksam geworden: bei Gesprächen mit einzelnen oder auch in Gruppen. Da ist jede Situation anders und voller Überraschungen. Die persönliche Begegnung ist ja auch sozusagen ein Hauptschlüssel.

Es versteht sich wohl von selbst, dass die Hinweise auf *kleine Schlüssel* weniger als Ratschläge noch gar als stets passende Lösungen anzusehen sind. Sie weisen hin auf eventuell erweiternde Blickwinkel und können sich   vielleicht hilfreich erweisen   als kleine Wegweiser. Den eigenen Weg muss dann jede(r) selber für sich finden und gehen. In den Märchen wird immer mal wieder von einem „Wink" erzählt, der gegeben wird und den zu beachten sich als vorteilhaft erweist.

Die Bilder vom Schlüssel und der Tür sind – wie andere Bilder auch – mehrdeutig und für viele nicht nur positiv besetzt. Für Menschen, denen momentan eher Türen verschlossen sind, mögen sie auch schmerzlich oder gar provozierend sein. Dennoch vertraue ich auf die ermutigende Kraft, die in diesen Bildern enthalten ist. Vielleicht ermutigen die Hinweise auf die kleinen Schlüssel, sie selber mal auszuprobieren. Und auch wenn jemand bisher den Möglichkeiten des christlichen Glaubens eher skeptisch gegenüber stand, kann er oder sie vielleicht doch die positive Kraft, die gute Macht vieler Bilder, Worte und Lieder spüren, die unversehens als kleine Schlüssel auch schwere Türen öffnen können.

Die Betrachtungen könnten auch ein kleiner Beitrag sein zu einer heute eher *suchenden, fragenden Spiritualität* (vgl. das Kapitel *„Wohl dem, der fragt"* S.57). Dabei ließe sich im *„Kästchen"* der christlichen Spiritualität manch *„kleiner goldener Schlüssel"* finden (vgl. das Abschlusskapitel *„Der goldene Schlüssel"*). Gerade im Gegenüber und Miteinander anderer Sichtweisen werden die Schätze erkennbar, an denen wir als rastlos Beschäftigte oft achtlos vorüber gehen.

Alle Betrachtungen gehen von einigen *gemeinsamen Voraussetzungen* aus: **Zuerst** gehe ich davon aus, dass unser Leben nicht nur einem blinden Zufall oder Schicksal entspringt oder aus dem Nichts kommt, um dann ebenso im Nichts der Bedeutungslosigkeit wieder zu verschwinden. Vielmehr vertraue ich darauf, dass unser Leben in Gott seinen Grund und sein Ziel hat. Dieses Ziel kann uns schon mitten im Leben nahe kommen und im Kontakt mit ihm werden wir auch *Schlüssel* entdecken, die uns helfen, das Leben aufzuschließen. Von psychologischer Seite aus sieht *C.G. Jung* in diesem Kontakt zur Mitte, zur Transzendenz nichts Unvernünftiges, sondern etwas Klares und Heilsames. Therapeutisch gesehen findet er *„alle Religionen mit einem überweltlichen Ziel äußerst vernünftig, vom Standpunkt einer seelischen Hygiene aus gesehen."* [2]

Zweitens gehe ich mit vielen von einer grundlegenden Spannung oder Polarität des Lebens aus. Viele solcher *Grundspannungen* oder *Polaritäten* bestimmen unser Leben, als entgegengesetzte und zugleich sich bedingende bzw. ergänzende Richtungen. Theologen, Philosophen und Psychologen weisen auf diese Grundspannungen des Lebens hin (*z.B. Paul Tillich, C.G. Jung, Wilhelm*

Schmid). So sehr wir uns auch oft nach Harmonie und Einheit sehnen, die Realität draußen und in uns selbst ist zunächst oft von mannigfaltigen Unterschieden, Gegensätzen, Widersprüchen und Spannungen bestimmt. An ihnen vorbei werden sich Türen zum Leben wohl nicht öffnen.

Drittens gehe ich davon aus, dass gerade durch Gegensätze, Spannungen, Schwierigkeiten oder Konflikte hindurch *Wandlungen*, konkrete *Veränderungen* angestoßen und möglich werden können, die dann auch von uns beherzt ergriffen werden wollen. Stillstand scheint nirgendwo ein lohnendes Lebensziel zu sein. Sich auf einen solchen Prozess der Wandlung lebenslang einzulassen, ist mir immer wichtiger geworden.

Viertens: *Alles Große fängt ganz klein an*. Die *kleinen* Erfahrungen, Impulse, Gaben, Aufgaben, Veränderungen, Herausforderungen und Fortschritte sind es, auf die wir vor allem achten sollten. Sie sind in dem *Bild vom „kleinen Schlüssel"* besonders angesprochen.

Fünftens: Für mich war es immer wichtig, neben der Theologie auch andere Bereiche, die sich Menschen zuwenden, einzubeziehen. In praktischer Tätigkeit als Seelsorger in einer Klinik für Psychiatrie und Psychotherapie sowie in Aus-und Weiterbildung (*Klinische Seelsorge, Gestaltseelsorge*) konnte ich mich vielen Konzepten und Verfahren in Psychologie bzw. Psychotherapie annähern und mit dem eigenen theologisch-spirituellen Bereich verbinden. In der Seelsorge brauchen wir heute diesen weiten Rahmen und das Gespräch mit anderen Disziplinen, wenn wir Menschen ganzheitlich gerecht werden wollen.

Viele der behandelten Themen, Fragen oder Stichworte wurden zunächst in Gesprächsgruppen – auch kontrovers - besprochen. Vielleicht können ja die Betrachtungen hier und da noch etwas von der Lebendigkeit und Vielseitigkeit der Gespräche erkennen lassen. - Und selbstverständlich verträgt dieser *„Kleine Schlüssel"* auch Widerspruch, ganz andere Sichtweisen. Mein Blick auf die vielen angeschnittenen Themen ist ja nur einer von vielen möglichen.

Jede der einzelnen Betrachtungen kann natürlich allein für sich gelesen werden, so dass die Lektüre vielleicht weniger anstrengend als anregend empfunden werden kann - und hoffentlich auch hier und da etwas kurzweilig und mit einer Prise Humor.

Herzlich danken möchte ich meiner Tochter *Hannah Köthe* für das Bild vom Brunnen (kleines Bild auf der Rückseite) und die Beratung bei der Gestaltung sowie *Waltraud Renate Schmidt,* die mir zum Abschied meiner Dienstzeit den „kleinen Schlüssel" mit einer Miniatur der „schweren Tür" (Bild auf dem Cover) schenkte.

Gerd Köthe, Kassel, im Mai 2017

Lebendiges Wasser

In dem *Märchen* vom *„Wasser des Lebens"* wird von einem König erzählt, der lebensbedrohlich erkrankt ist. Ein alter Mann, der den drei betrübten Söhnen des Königs begegnet, sagt ihnen: *„Ich weiß noch ein Mittel, das ist das Wasser des Lebens, wenn er davon trinkt, so wird er wieder gesund; es ist aber schwer zu finden."* (Brüder Grimm, Kinder und Hausmärchen, Band 2, S. 66) Die beiden älteren Söhne machen sich nacheinander auf den Weg, das *„Wasser des Lebens"* zu suchen, landen aber in einer engen *„Bergschlucht"*, da sie vor allem auf ihren eigenen Vorteil aus sind und *„hochmütig"* an einem *„Zwerg"* vorbeigehen, der ihnen die entscheidenden Hinweise geben könnte, wo das rettende Wasser zu finden sei. Der jüngste Sohn zieht los in liebender Besorgtheit um den Vater, achtet auf den *„Wink"* des Zwerges und die Sache kommt nach vielen Irrungen und Umwegen schließlich zu einem guten Ende.

Wie gerne würden auch wir, für uns selbst und für andere, ein solches Mittel, ein erfrischendes, heilsames, Leben weckendes Wasser finden! Doch die Suche danach ist bei uns nicht weniger mühsam. Oft müssen erst beschwerliche Wege gegangen werden. Mancherlei Rückschläge, Einbrüche und Intrigen kann es geben. Bisweilen wird die Geduld hart auf die Probe gestellt und die Frage bleibt lange offen, ob sich denn das rettende *„Wasser des Lebens"* für andere oder für uns selbst überhaupt noch finden lässt.

Das Bild des Wassers ist auch keineswegs nur positiv. Es ruft sehr unterschiedliche Erinnerungen und Eindrücke in uns wach, hilfreiche ebenso wie bedrohliche. Es kann wie in dem Märchen ein Bild für Leben und Lebendigkeit überhaupt sein, für eine unverzichtbare, lebenserhaltende Kostbarkeit. Andererseits erinnert es auch an eine bedrohliche Seite des Lebens. Halt- und Bodenlosigkeit, die Angst zu versinken, überschwemmt zu werden, ist auch mit dem Bild des Wassers verbunden. Wir sprechen bildhaft davon, dass einem „das Wasser bis zum Hals stehen", einer wie ein „Eisblock" erstarren, seine Lebendigkeit verlieren, wie „einfrieren" könne. Und auch die Gefahr der Trockenheit, der „Dürre" und Leere steht gleichsam als Gegenpol mit vor Augen.

Und dennoch kann das Wasser immer wieder neu zu einem *Zeichen lebendiger Seelenkraft* werden. Gerade indem wir die gefährlichen Stellen, die Abgründe oder Stürme nicht übergehen, sondern als Herausforderung annehmen und uns ihnen stellen. Indem wir aufmerksam dafür werden, wie und wodurch unser „Lebenswasser" versiegen kann, geschieht es manchmal überraschend, - oft ohne genau sagen zu können wieso gerade jetzt - dass die Lebensquelle, das „*Wasser des Lebens*" wieder anfängt zu sprudeln. Ein neues Strömen, eine neue Bewegung, eine neue Lebendigkeit wird wieder möglich. Das müssen dann auch nicht gleich ganz überwältigende Erlebnisse sein. Auch kleinere Erfahrungen können so erfrischend sein wie ein Schluck vom „*Wasser des Lebens*". Das Gefühl des wieder strömenden Lebens, der Freude, lebendig zu sein, entwickelt sich meist eher langsam, nicht so stürmisch!

Und wie ein **kleiner Schlüssel** ist es, zunächst einmal solche Augenblicke oder Chancen zu beachten, in denen wieder etwas in Fluss kommt, etwas „auftaut" und das Leben wieder zu strömen beginnt: Vor allem wieder gewagte *Begegnungen mit Menschen* für die wir uns aufschließen, die uns mit ihrem Verständnis und ihrer Lebendigkeit erfrischen; Kontakte insbesondere auch zu Kindern, die uns zu den Quellen der eigenen Kindheit und Lebendigkeit führen können. Und besonders: endlich wieder zugelassene *Gefühle*, die manchmal lange Zeit ganz verborgen waren, angestaut, wie vereist blieben, wie z.B. Erfahrungen der *Freude* oder der *Trau-*

rigkeit, die uns wieder anschließen können an den Fluss des Lebens. Ein körperlicher Ausdruck dieses Fließens können dann auch die *Tränen* sein, die endlich wieder fließen. Sie befreien und machen Mut, sich berechtigt zu fühlen, alle Gefühle fließen zu lassen, anzunehmen. Wichtig ist es auch, die *Quellen* in sich wieder zu entdecken: die *Begabungen*, die Gaben, die in jedem, in jeder stecken; an diese Gaben anzuknüpfen, sie zu gebrauchen, sie zu entfalten; und auch zu wissen, wohin, zu welchen Quellen wir gehen können, um „*lebendiges Wasser*" zu bekommen.

Ein *Schlüssel* für Christen kann es auch sein, sich an ihre eigene *Taufe* zu erinnern. Von *Martin Luther* wird erzählt, er habe sich auf seinen Tisch die Worte geschrieben: „*baptizatus sum*" *(ich bin getauft)*. Immer wenn es ihm schlecht ging, wenn er an sich selbst und an seiner Aufgabe zweifelte, hat er auf diesen Satz gesehen und sich damit in Erinnerung gerufen: Da ist schon ein anderer, der mich ins Leben gerufen hat, der will, dass ich lebe. Einer, der mir etwas Unverlierbares mitgibt: ein geliebter Mensch zu sein!

Im Klostergarten der heutigen *Vitos-Klinik für Psychiatrie und Psychotherapie Merxhausen*, wo ich die längste Zeit meines beruflichen Lebens als Pfarrer gearbeitet habe, steht direkt neben der Klosterkirche ein *Brunnen mit sprudelndem Wasser*. Für mich ist er immer eine „*Mitte*", ein *Zeichen* gewesen, dass doch „*Ströme lebendigen Wassers*" fließen, auch wenn wir glauben, sie nicht mehr spüren zu können. Er ist mir wie eine Einladung, nicht nur auf sich selber, auf die eigenen Leistungen, Mängel oder Verletzungen zu schauen. Da ist noch *eine andere Quelle*. Und wir können – unterwegs, suchend – dem nahe kommen, der „*dem Durstigen geben wird von der Quelle lebendigen Wassers umsonst*". *(Offenbarung 21,6)*

Wertgeachtet

Ein ganz wesentlicher Wunsch in unserem Leben ist, von anderen Menschen gesehen, beachtet, wertgeachtet, geschätzt zu sein. Es gibt wohl keine oder keinen, der sich nicht danach sehnte. Es tut uns gut, wir leben auf, wir werden freudiger gestimmt, wenn wir die Beachtung und Wertschätzung anderer Menschen erfahren. Es stärkt andere und auch uns selbst, wenn wir selber zu solch guten Erfahrungen beitragen können. Am schönsten ist es, wenn es ganz überraschend geschieht: Einer, eine denkt an mich, ruft mich an, schreibt mir, fragt nach mir, nimmt sich ein wenig Zeit. Wir können ansprechen, was uns gerade bewegt. Ich spüre: ich darf sein, der ich bin. Ich brauche mich nicht verstecken. Als der, der ich bin, bin ich im Blick, bin ich *„angesehen"*.

Nicht wenige leiden darunter, dass sie diese gute Erfahrung in ihrem Leben viel zu wenig machen konnten. Ja, wenn es ihnen gut ging, wenn sie Leistungen vorzeigen konnten, dann gab es schon mal Lob und Anerkennung. Doch wenn es nicht so gut lief, wenn es Schwierigkeiten gab, wenn einer krank wurde, wenn die sonst übliche Stabilität ins Wanken geriet, blieb die gewünschte Annahme und Wertschätzung dann nicht oft genug aus? Enttäuschung und Verbitterung sowie die Neigung, sich dann ganz zurückzuziehen, sind oft die Folge.

Ich möchte hier auf **zwei kleine Schlüssel** hinweisen, die helfen können: *Der erste*: Konzentrieren Sie sich nicht zu sehr auf die Menschen, bei denen Sie eher Distanz oder gar Ablehnung spüren. Deren Verhalten mag viele Gründe haben: uneingestandene Ängste, Vorbehalte und Vorurteile, alte Verletzungen, die sich in die Beziehung zu Ihnen einmischen können. *Daher halten Sie sich* *zunächst eher an die Menschen, die Ihnen jetzt im Augenblick Annahme und Wertschätzung entgegenbringen!* Lassen Sie sich aufschließen für Angebote der Nähe und Begleitung. Die Hinwendung zu denen, die Sie annehmen, lässt die anderen, die das so nicht können, weniger wichtig werden. Bedenken Sie vor allem auch, dass Menschen immer nur auf begrenzte Weise Annahme und Halt geben können. Wünsche nach einer absoluten Annahme oder Liebe führen leicht zu einer Überforderung der anderen, gegen die sie sich dann wehren.

Und *der zweite* Schlüssel: Es kann hilfreich sein, sich nicht alle Annahme und Wertschätzung von sich selbst und von anderen Menschen zu erwarten. Wer es wagt, auch mal über sich selbst hinauszuschauen, dem werden vielleicht auch Worte wie diese *von Huub Oosterhuis* [3] gut tun:

„Liebes Licht, Stimme vom Himmel, die sagt,
dass wir sein dürfen jetzt, die wir sind."

Oder jene wunderbaren Worte des Jesaja:

"Fürchte dich nicht; denn ich habe dich erlöst! Ich habe dich bei deinem Namen gerufen, du bist mein! Weil du wertgeachtet bist in meinen Augen und ich dich lieb habe." (Jesaja 43, V. 1 u. 4)

Tag für Tag, bei einem Gebet oder eventuell zum Schluss eines kleineren Entspannungstrainings, können Sie solche oder andere Worte wie einen Lichtstrahl in sich fallen lassen und dabei die Wärme eines angenommenen Lebens spüren.

Lebens-Worte

Worte können für uns eine wichtige Rolle spielen. Manche sprechen sogar von der „Macht der Worte". Andere freilich auch davon, wie ohnmächtig wir uns bisweilen mit unseren Worten fühlen. Worte können wie ein Segen sein. Es gibt aber auch Worte, die sich wie ein Fluch auswirken, aus dessen Bann wir nur schwer herauskommen. Worte können uns tief berühren und erfreuen. Manchmal können wir mit Worten auch etwas in Bewegung bringen. Doch ebenso kann es geschehen, dass Worte ganz an uns vorbeigehen, uns kalt lassen. Auch die Worte, die wir anderen sagen, können ins Leere gehen, andere gar nicht erreichen oder sie vielleicht ganz anders treffen als wir es gewünscht haben. So unterschiedlich, fast gegensätzlich können unsere Erfahrungen mit Worten sein.

Die Worte, die uns gut tun, die wir als ermutigend und aufbauend erleben, sind oft ganz einfache Worte. Schon dass und wie wir etwa bei unserem Vornamen genannt werden, kann sich positiv auswirken. Jemand kennt mich, fragt nach mir, ist an mir interessiert. Das tut gut. Auch mit manch anderen Worten kann sich schnell ein Raum der Geborgenheit und des Wohlwollens auftun: *„Schön, dass ich dich wieder sehe; gut, dass Du da bist; ich bin gern bei Dir; ich mag Dich; das gefällt mir an Dir; das hast Du gut gemacht!"* Solche guten Worte klingen oft noch lange in uns nach. Sie sind wie ein kostbarer Schatz, der uns mitgegeben ist.

Und einen solchen kleinen Schatz von guten Worten zu kennen und im Herzen zu bewahren, ist umso wichtiger als wir an der Erfahrung auch von bösen, ja vergiftenden Worten nicht vorbeikommen. Wir werden manchmal ganz unvermittelt von ihnen getroffen, und wir tun uns vielleicht beim Austeilen auch nicht immer gerade schwer. Leicht stellt sich dann eine vergiftete Atmosphäre ein. Die Last der „bösen" Worte kann so erdrückend werden, dass es schwer fällt, einen neuen Anlauf zu wagen, mit neuen Worten wieder eine Brücke zum anderen zu schlagen. Hilfreich – wie *ein* **kleiner Schlüssel** – ist dabei *die Erinnerung an gute Worte,* die wir mal gehört oder auch gelesen haben. Worte, die trotz allem, was wir erleben, ihren guten Klang und die Orientierung, die sie geben, nie verloren haben. Es können *Worte* aus der Bibel sein, vielleicht *aus den Psalmen,* Worte wie diese:

„Gott der Herr ist Sonne und Schild" (Ps. 84 V.12)

„Du stellst meine Füße auf weiten Raum" (Ps. 31 V.9)

„Der Herr ist mein Licht und mein Heil;
vor wem sollte ich mich fürchten?
Der Herr ist meines Lebens Kraft;
vor wem sollte mir grauen?
(Ps.27 V.1)

Oder ein Wort Jesu wie dieses:

„Was ihr getan habt einem von diesen meinen
geringsten Brüdern, das habt ihr mir getan."
(Matth.25 V.40)

Vielleicht sind es auch *Liedverse* aus dem Gesangbuch. Kleine *Gebete,* Worte und Melodien, die einmal bei uns angekommen, bei uns auf fruchtbaren Boden gefallen sind. Worte auch, die uns unabhängiger machen, auf andere, neue Möglichkeiten hinweisen. Sie können uns auf eine Quelle, auf ein Gegenüber konzentrieren, das uns ermutigt, uns mit neuem Vertrauen dem Leben zuzuwenden. Mir hilft es, wenn ich mich etwa an die Worte des *Liedes* erinnere:

"Herr, deine Liebe ist wie Gras und Ufer, wie Wind und Weite und wie ein Zuhaus. Frei sind wir, da zu wohnen und zu gehen. Frei sind wir, ja zu sagen oder nein. Herr, deine Liebe ist wie Gras und Ufer, wie Wind und Weite und wie ein Zuhaus." [4]

Diese Worte ebenso wie die Melodie sagen mir: Trau der Wirklichkeit einer Liebe, die auch dir gilt. Vor dir öffnet sich der Blick auf eine Landschaft, auf ein Leben, in dem es wieder Lebendigkeit, frischen Wind und die Weite einer barmherzigen Liebe geben wird. Ein Leben, in dem du dich geborgen, beschützt fühlen kannst. Vielleicht kennen Sie ähnliche Worte, Gedichte, Liedverse. Trauen Sie der Kraft, die davon ausgehen kann.

Auch kritische Worte können ein Gegenüber, ein Korrektiv sein, das uns gut tut, z.B. *Worte* wie die *von C.G. Jung*:

"Bekanntlich versteht man in psychologischer Hinsicht gar nichts, was man nicht selber erfahren hat." und

"Ohne Not verändert sich nichts, am wenigsten die menschliche Persönlichkeit."

Mein Favorit unter den Lebens-Worten der Dichter ist ein Wort von *Theodor Fontane* [5]:

> *"Jeder glückliche Augenblick ist eine Gnade und muss zum Danke stimmen."*

Lebenshilfe in den Märchen

Ein bekanntes Motiv in den Märchen ist das „verbotene Zimmer" oder die „verbotene Kammer. Im Märchen „*Blaubart*" [6] sagt der zu einer Reise aufbrechende König mit dem blauen Bart zu seiner jungen Frau: „*Da hast du die Schlüssel zu dem ganzen Schloss, du kannst überall aufschließen und alles besehen, nur die Kammer, wozu dieser kleine goldene Schlüssel gehört, verbiete ich dir; schließt du die auf, so ist dein Leben verfallen.*"

Das Märchen „*Eisenhans*" erzählt von einem Königssohn, dessen goldener Ball beim Spielen im Hof in den Käfig des „*wilden Mannes*", *des Eisenhans* fällt. Der König „*verbot bei Lebensstrafe die Türe des Käfigs zu öffnen.*" Der wilde Mann will den Ball nur herausgeben, wenn der Knabe die Tür des Käfigs öffnet: der Schlüssel „*liegt unter dem Kopfkissen deiner Mutter, da kannst du ihn holen*".

In den Märchen sind die Bilder von der *Tür* und vom „*kleinen goldenen Schlüssel*" von tieferer Bedeutung. Es geht um Wandel oder Veränderung, um den Beginn eines neuen, beschwerlichen, ja gefährlichen Weges, der dennoch gewagt werden muss, um ein „ganzer Mensch" zu werden. Die ganze Fülle des Lebens soll sich dem Sohn oder der Tochter des Königs erschließen. Und beide sind nicht nur irgendwelche Personen, sondern jede, jeder von uns ist prinzipiell eine solche Königstochter oder ein solcher Königssohn!

Bruno Bettelheim [7] hat in seinem Klassiker „*Kinder brauchen Märchen*" überzeugend dargelegt, wie wichtig und hilfreich Märchen - in ihren hellen und dunklen Bildern, in ihren dramatischen Geschichten - für eine ganzheitliche emotionale Entwicklung von Kindern sein können:

„Die Märchen vermitteln wichtige Botschaften auf bewußter, vorbewußter und unterbewußter Ebene… Da es in ihnen um universelle menschliche Probleme geht und ganz besonders um solche, die das kindliche Gemüt beschäftigen, fördern sie die Entfaltung des aufkeimenden Ichs; zugleich lösen sie vorbewußte und unbewußte Spannungen." – *„Niemals flößt das Märchen dem Kind ein Unterlegenheitsgefühl ein. Es vermittelt vielmehr Zuversicht, Hoffnung auf die Zukunft und das Vertrauen auf einen glücklichen Ausgang."*

Aber nicht nur Kinder brauchen Märchen, auch Erwachsene brauchen sie. Denn Jahrhunderte lang haben Erwachsene vor allem anderen Erwachsenen Märchen erzählt. Kinder waren nie ausgeschlossen, aber nicht die einzigen Adressaten. Viel später erst hat man sie vorwiegend Kindern erzählt, obwohl sie eigentlich von Krisen und Problemen, von Entwicklungs- und Reifungs-Geschichten handeln, die viele Lebensstufen oder Lebensalter betreffen.

Märchen erzählen Geschichten, und dies in vielen *Bildern, Zeichen, Symbolen,* die in etwa *Traumbildern* gleichen. In der Ausdrucksweise der Bildsprache weisen diese Bilder auf eine tiefere Wirklichkeit, auf ein tieferes Ganzes hin. Sie künden von uralter Weisheit und sprechen auch Sehnsüchte und Hoffnungen an, die über die sichtbare Welt hinausgreifen. Seinen eigenen Weg im Leben zu erahnen, zu erkennen und ihm unbeirrbar zu folgen, dafür ist die Sprache der Bilder oft wirksamer als das Bemühen, alles bis ins letzte Detail rational zu erfassen.

Ein wichtiger **kleiner Schlüssel** kann es daher sein, *die Bilder oder Symbole in den Märchen für sich selber wieder als Lebensbilder zu entdecken* und sie von vornherein auf sich selber zu beziehen. Einige Beispiele möchte ich dafür nennen:

Könige oder Prinzen sind ein Bild für das *„Selbst",* für den zu seinem Ziel findenden Menschen. Wir alle haben eine *„königliche Berufung"!* In uns allen ist etwas angelegt, das sich entfalten möchte.

Der Mensch soll zu seiner ihm möglichen *„herrscherlichen Würde"* gelangen. Die Bilder von der Hochzeit, vom Antritt eines großen Erbes, von der Inthronisation sind symbolische Aussagen über die Menschwerdung des Menschen.

Der Brunnen ist ein Ort, wo Diesseits und Jenseits miteinander verbunden sind (z.B. in Eisenhans, Frau Holle, der Teufel mit den drei goldenen Haaren). Oft braucht es eine Zeit des Wartens, bis geholfen wird. Das Herauskommen aus dem Brunnen ist wie eine neue Geburt ins Leben hinein. Aus der anderen Welt fließen Belebung und Reichtum herüber in die reale Welt. Der Mensch am Brunnen, in Beziehung auch zur jenseitigen Welt, ist Bürger zweier Welten.

Der Wald ist ein Bild für die Seele. Er birgt viel Leben, gehört zum Leben. Er ist ein Bereich, der oft vom Leben ausgeschlossen und schmerzlich vermisst wird. So ist der Wald ein Hinweis auf diesen vom Leben ausgesparten Bezirk, von dem bisweilen eine unheimliche Stille ausgeht.

Der goldene Ball ist natürlich auch ein Bild für Ganzheit, für das *„Selbst"*. Einen solchen goldenen Ball haben wir alle! Es ist nur wichtig zu wissen, wo wir ihn verloren haben. Meist ist er ja dort zu finden, wo wir ihn am wenigsten vermuten, etwa in der aggressiveren oder auch erotischen Seite unseres Lebens.

Der Baum wird auch sonst häufig mit dem Menschen verglichen: Er steht aufrecht wie der Mensch, wächst, vergeht, trägt Früchte. Er steht in Verbindung sowohl zur Erde wie auch zum Himmel. Aufgabe für jeden Menschen individuell ist es, seinen Baum, sich selber zu finden, ihn zu lieben, auch mit seinen Wunden und toten Ästen, mit der ihm eigenen Schönheit und den Früchten, die zu ihm gehören.

Auch die den Märchen eigene *typische Entwicklungsgeschichte* gilt es, für sich selber zu erschließen mit all den verschiedenen *Stadien eines Weges*, die dazu gehören: *Abschied, Abreise, Aufbruch; Begegnung mit der gefährlichen Welt; erste Bewährung; Ohnmacht und Krise; der Helfer; die rettende Tat; das Ziel, Hochzeit, Fest, Thronbesteigung.* Abkürzungen, Umgehungen, Aussparen oder vermeiden einzelner Stadien sind weder sinnvoll noch möglich. Es geht durch Höhen und Tiefen und der Kontrast eines auch möglichen Scheiterns an der Lebensaufgabe steht stets mit vor Augen.

Ein weiterer **kleiner Schlüssel** kann es sein, sich zu fragen: *Kann ich mich an ein Märchen erinnern, vielleicht an ein Lieblingsmärchen aus meiner Kindheit? Oder vielleicht auch nur an ein einzelnes Märchenmotiv oder Bild?* und wenn ja, dann versuche doch mal, diesem, deinem Märchen *eine neue Überschrift* zu *geben!* Mit einer solchen neuen Überschrift trifft man oft schnell ins Schwarze, berührt einen zentralen Punkt im eigenen Leben!

Als ich das Experiment bei mir selber machte, erinnerte ich mich sofort an das Bild vom *Eisenhans* in unserem Märchenbuch aus frühen Tagen: ein Mann im Sumpf, mit langen Haaren, rostig rot, etwas unheimlich, aber zugleich anziehend. Ganz schnell gab ich dem Märchen eine *neue Überschrift: „Von der Befreiung eingesperrter Lebenskraft".* So war mir bald klar, was die Bilder dieses Märchens und seine Geschichte mit mir selber zu tun haben können. Ein Grundthema, eine Grundmelodie und auch Aufgabe war für mich mit dieser Überschrift getroffen.

Und darauf kommt es ja an, sich von den Gestalten, Bildern, Symbolen und Entwicklungen in den Märchen anrühren zu lassen, sich einbezogen, sich mit hinein genommen zu fühlen, um dann - in einem fast spielerischen Umgang damit - Berührungspunkte im eigenen Leben wahrzunehmen, bis hin zum Impuls und Bereitwerden für neues, mutiges Handeln. Die Lebenshilfe, die Märchen uns auf diese Weise geben, ist vielleicht vergleichbar mit der Hilfe, die die Aufmerksamkeit für Träume oder Traumbilder uns schenken kann.

Abschließend möchte ich besonders auf *die Interpretationen vieler Märchen von Eugen Drewermann* [8] hinweisen. Auch wenn man sonst manche Position Drewermanns nicht teilen mag, seine Märcheninterpretationen sind von großer Kenntnis und Einfühlung gekennzeichnet. Sie eröffnen neue, spannende Einblicke in die Erzählungen und die Dynamik der Märchen. Viel Neues und zutiefst Berührendes habe ich von diesen Interpretationen gelernt.

Gespräche

Bei dem Stichwort *Gespräch* denken wir heute wohl zuerst an ein Gespräch unter Menschen, *„unter vier Augen"* oder zu mehreren, in einer Gruppe. Solche Gespräche sind ganz unverzichtbar. Sie lockern auf, bringen Bewegung in festgefahrene Situationen, helfen, etwas zu klären. Gespräche sind eine wichtige Brücke, auf der Menschen aufeinander zugehen und Neues voneinander erfahren können. Bisher festgezurrte Knäuel können im Gespräch langsam entwirrt werden. Das wirkt sich entspannend aus. Und selbst ohne klares Gesprächsergebnis geht es oft *„ausgesprochen - ausgesprochen besser"*.

Manchmal allerdings scheint die Verschlossenheit, die Isolation das letzte Wort behalten zu wollen Das berühmte *Bild „Der Schrei" von Edvard Munch* deutet es an: Menschen können – selbst auf einer Brücke(!) – ohne jeden Kontakt, ohne jede Begegnung, ganz in sich verschlossen, aneinander vorbeigehen. Eine Frau ist auf dem Bild zu sehen, die Hände an die Ohren gelegt, gelähmt in ihrer Angst, wie erstarrt. Und doch schreit es in ihr. Aber keiner hört diesen lautlosen Schrei. Männer gehen vorüber. Sie bleiben ganz für sich, wohl mit sich selbst beschäftigt.

Es gibt solche Situationen, in denen Menschen in Krisen, in auswegloser Not, in Verletzungen und Krankheit sprachlos geworden, verstummt sind. Und es ist auch für die, die gern helfen wollen, sehr schwer, das mit auszuhalten. Trotzdem werden uns selbst solche bedrückenden Erfahrungen des Verstummens nicht davon abbringen, weiterhin auf die *lösende, heilsame Kraft von Gesprächen* zu vertrauen. Das Blatt kann sich wenden. Manchmal

bringt schon ein kleiner Stein, der sich löst, Bewegung in eine festgefahrene Situation. Ein **kleiner Schlüssel** wäre also hier: Wo immer es Ihnen wieder möglich ist, sollten Sie beherzt von der Möglichkeit eines Gesprächs Gebrauch machen. Es ist berechtigt und
gut, Gespräche zu wünschen, ja auch einzufordern! Der Mut, die
Initiative dazu, auch wenn es anfangs schwer fällt, wird meist
reich belohnt. Jeder neue Kontakt, jede Berührung, jedes Sich-Aus-
sprechen und Hören auf einen anderen kann die Lage in einem
neuen, helleren Licht erscheinen lassen. Ganz grundsätzlich gilt
ja: Menschen sind auf Gespräche, auf Austausch angewiesen. Ein-
same Entschlüsse bringen die Gefahr mit sich, die eigene Sicht zu
sehr in den Vordergrund zu stellen und können leicht zu Einseitigkeiten führen. Von *Philipp Melanchthon (1497-1560)*, dem Refor-
mator und Freund Martin Luthers, ist das schöne Wort überliefert

„Nati sumus ad mutuam sermonis communicationem"

(Wir sind dazu geboren, uns im Gespräch einander mitzuteilen) [9]

In einer ganz anderen Sprache, aber nicht weniger aktuell, hat
der Dichter vieler geistlicher Lieder *Gerhard Tersteegen*[10] (1697-
1769) es einmal so auf den Punkt gebracht:

> *"Du darfst dein Kreuz nicht heimlich tragen,*
> *Du mußt dein Herz entdecken frei.*
> *Und Gott und treuen Freunden sagen,*
> *wie es mit dir beschaffen sei."*

Das ist die Chance eines Gesprächs: nicht mehr alles geheim halten, verheimlichen, sich nicht mehr verstellen; sein Herz aufschließen und anderen sagen, wie einem zumute ist:
wer sich darauf einlässt, wer dieses Vertrauen
wagt, diesen *kleinen Schlüssel* gebraucht, der wird
erleben, dass die menschliche Brücke des Gesprächs trägt, auch über viele Abgründe hinweg.

Gespräche mit Gott

Treuen Freunden sagen, wie es mit uns beschaffen sei, das mag wohl noch angehen. Aber auch Gott alles sagen? Ist er auch wie ein *„treuer Freund"*, dem ich mein Herz frei entdecken kann? Zwar kann auch der Kontakt, die Brücke zu Gott zeitweilig unterbrochen, für eine gewisse Zeit nicht begehbar sein. Das ist hier nicht anders wie auch sonst bei Gesprächen. Doch wir können Gott durchaus wieder finden, wieder erkennen als „treuen Freund", dem wir alles anvertrauen können. Dies wird vor allem möglich durch die offene Haltung des Gebetes, für das wir nichts weiter mitbringen brauchen als nur uns selbst. Und das Vertrauen, dass da zumindest *ein „treuer Freund"* oder *„lieber Vater"* ist, der da ist, mitgeht, zuhört, tröstet und weiterhilft.

Die Übung eines solchen *Gebetes* erfahren viele Menschen als hilfreich und heilsam. Wichtig ist dabei vor allem, es regelmäßig, fast wie selbstverständlich zu tun, allein oder mit anderen zusammen, und auch füreinander. So hat es sich sehr bewährt, sich vor allem zu Beginn des Tages und am Abend eine kleine Zeit zum Gebet zu nehmen.

Wie ein **kleiner Schlüssel** kann es sein, morgens oder abends eine Kerze anzuzünden zum Zeichen dafür, dass noch ein ganz anderes *Licht* da ist, aus dem wir kommen, das verborgen schon in uns ist und neu aufstrahlen wird, auch wenn wir gar nicht mehr damit rechnen. Den *Morgen* können wir z.B. mit den wunderbaren Worten *Eduard Mörikes* [11] beginnen:

> *„In ihm sei's begonnen, der Monde und Sonnen*
> *an blauen Gezelten des Himmels bewegt.*
> *Du, Vater, du rate. Lenke Du und wende! Herr,*
> *Dir in die Hände sei Anfang und Ende, sei alles gelegt!"*

Wir können Gott danken für die Ruhe der Nacht und das Licht des neuen Tages und um seinen Segen bitten für uns selbst, für alle und alles, was uns am Herzen liegt, für die Aufgaben und Herausforderungen des vor uns liegenden Tages.

Auch *am Abend* ist es eine Wohltat, nicht mit den aufrüttelnden Bildern des Fernsehens, sondern mit einer kleinen „stillen Zeit" den Übergang in die Nacht zu gestalten. Wir können dabei *unsere Hände zu einer Schale formen*, uns öffnend, Gott alles Schöne und Schwere sagend, anvertrauend. Der Dank für das Gelungene oder Geschenkte gehört ebenso dazu wie die Möglichkeit, auch das Misslungene, die Fehler, die Verletzungen in Gottes Hände zu legen und zu bitten, dass er es wenden und lenken möge uns und anderen zugute. Mir sind die beiden Verse eines Abendliedes von *Jochen Klepper*[12] besonders lieb:

„Ich liege, Herr, in deiner Hut und schlafe ganz mit Frieden. Dem, der in deinen Armen ruht, ist wahre Rast beschieden." (V.1)

„Du hast die Lider mir berührt. Ich schlafe ohne Sorgen. Der mich in diese Nacht geführt, der leitet mich auch morgen." (V.11)

Das Gespräch mit Gott können wir zu jeder Zeit aufnehmen: mit eigenen Worten, mit vertrauten Gebeten oder Liedversen, mit Worten aus den Psalmen oder auch mit einem ganz einfachen Dasein vor Gott in der Stille, im Schweigen. Das Gegenüber dieses ganz Anderen, des „lieben Vaters", wie Jesus ihn nennt, wird helfen, entlastet und ermutigt, erfrischter die uns gestellten Aufgaben anzugehen.

„Lasst uns eine Brücke bauen…"

Eines der faszinierendsten Bauwerke ist für mich eine *Brücke*. Ganz gleich ob eine große oder eine kleine Brücke. *Die Brücke* mit ihrer Möglichkeit, zwei sonst getrennt bleibende Bereiche miteinander zu verbinden, ist auch *ein menschlich hoffnungsvolles Bild*. Brücken, Übergänge, Verbindungen zwischen sehr Unterschiedlichem, ja Getrenntem zu entdecken, wahrzunehmen und sie dann - mit dem „Mut zum ersten Schritt" - zu nutzen, das ist wirklich hoffnungsvoll. Es gibt oft so viele ungenutzte Chancen. Manchmal sind wir wie gehemmt, blockiert, gefangen, auch unaufmerksam und gehen an diesen Möglichkeiten der Verbindung, des Aufeinander Zugehens vorüber. Eigentlich sind sie vorhanden, können aber doch nicht oder noch nicht begangen werden. Wie viele *„Brücken"* zerstören wir bisweilen mit unbedachten Worten und Taten, die eher neue Gräben aufreißen und Trennung vertiefen.

Dennoch, *Brücken* zu bauen, unbeirrbar, gerade am Rande der überall bedrohlich sich auftuenden Gräben oder Abgründe, das ist spannend und ermutigend, es bringt uns und andere weiter. Beide Seiten haben etwas davon. So tut es uns z.B. gut, *die „Brücke", die Verbindung zwischen unserem Körper und den Gefühlen, die uns bewegen, stärker zu beachten*. Wir erfahren viel und lernen im Kontakt zu Menschen, die ganz anders sind als wir. Wichtig ist auch *die „Brücke"*, auf der „Gesunde" wie „Kranke" einander entgegenkommen können und sich gegenseitig viel zu sagen haben. Es beginnt vielleicht alles mit einem achtsamen Wahrnehmen und Hinsehen. Damit, dass wir *die Chancen der Begegnung und Berührung* sehen. Wie viele „Brücken" wurden schon zu uns hin gebaut. Wie viel Aufbauarbeit haben wir selbst oft schon geleistet. Wir fangen nie ganz von vorn an. Wiederum als **kleine Schlüssel** möchte ich auf folgende Möglichkeiten hinweisen: Achten Sie auf *Chancen*, die sich

Ihnen tagtäglich immer wieder ergeben. Jedes Sich-Öffnen und Sich-Mitteilen einem anderen gegenüber, jedes gewagte Vertrauen und Zugehen auf andere ist wie eine Brücke, die Wege in ein neues Land erschließen kann. Es ist wie eine Einladung, eine freundliche Aufforderung an andere, auf dieser Brücke nun auch Ihnen entgegenzugehen.

Nicht immer wird eine solche Einladung gespürt oder angenommen. Wir selber können (noch) nicht dazu bereit sein. Und andere können ein Entgegenkommen unbeantwortet lassen, ausschlagen. Manchmal scheint es leichter zu sein, sich nach einer Auseinandersetzung gekränkt zurück zu ziehen und die Schuld allein beim anderen zu suchen. Das schließt nicht aus, dass es *zu einer anderen Zeit* noch einmal eine neue Chance der Verständigung gibt. Gefördert wird diese besonders durch die Bereitschaft, sowohl den eigenen Anteil an einem Konflikt einzuräumen als auch aus einem Abstand heraus den anderen neu zu sehen. Dass dies vielen so schwer fällt, sollte uns nicht an der Aufgabe des *„Brückenbauens"* überhaupt verzweifeln lassen. Diese Arbeit bleibt sinnvoll trotz gelegentlichen Scheiterns. *Brücken zu bauen, das war schon immer ein großes Kunststück!*

Wichtig kann es auch werden, *die „Brücke", die Verbindung zu Gott* wieder mehr ins Leben einzubeziehen. Wir leben auch davon, dass ein ganz anderer schon eine Brücke zu uns hin gebaut hat. In dem Leben Jesu, in den Worten und Geschichten, die von ihm erzählt werden, wird etwas deutlich davon, dass wir nicht nur für uns, nicht nur auf der einen Seite leben, sondern immer auch die Verbindung, den Kontakt zu der ganz anderen Seite, zu Gott hin brauchen. Von dort her kommen uns – wie auf einer „Brücke" – Ermutigung, Kräfte, neue Lebensmöglichkeiten entgegen.

Das schönste *Bild* einer Brücke, das sich bei günstigen Bedingungen manchmal in der Natur einstellt, ist das *des Regenbogens* am Himmel. Es ist ein Zeichen, ein Symbol für die uns geschenkten Möglichkeiten der Verbindung wie auch dafür, dass wir nicht allein bleiben. Das *„Regenbogenlied"*[13] sagt es so:

„Ein bunter Regenbogen ist übers Land gezogen
damit ihr's alle wisst, dass Gott uns nicht vergisst."

Der Bogen der Güte, der Geduld, des Segens Gottes, der sich über uns wölbt, ist schon da, auch wenn wir ihn vielleicht nur in kostbaren Augen- Blicken sehen. Die *„Himmelsleiter"*, auf der die Engel Gottes auf- und niedersteigen, ist schon herabgelassen. Die Verbindung nach „oben" wie nach „unten" ist schon aufgenommen. Ein geheimnisvoller Bogen ist geschlagen, eine Brücke ist gebaut. Dem gilt es, Raum zu geben und die Kunst des Brückenbauens nun auch selber zu wagen nach dem Motto des *„Brückenliedes"* [14]

„Lasst uns eine Brücke bauen, dass wir stehen Hand in Hand. Diese Brücke schenkt Vertrauen uns und allen hier im Land. Baut die Brücke, baut die Brücke! Und seid ihr dazu bereit, hält die Brücke, hält die Brücke heut und alle Zeit."

Wenn wir *uns* – auch hier eine Brücke bauend - *beim Segen die Hände reichen* und darum bitten, dass Gott uns behüte, ermutige und stärke, so kann davon die Kraft ausgehen, nun auch selber mit dem Brückenbauen zu beginnen.

Chance der Vergebung

Vergebung oder Verzeihung, viele werden die Worte zunächst hören wie mit einem Ausrufungszeichen versehen, als etwas, das wir machen müssten, was unsere Pflicht wäre. Verständlich ist, dass wir uns gegen eine solche Aufforderung erst mal wehren. Oft ergeht eine solche Aufforderung viel zu schnell, und wir sind noch lange nicht so weit, zu vergeben. Der Widerstand, der sich in uns regt, zeigt an, dass in uns noch ganz andere Regungen, Gefühle sind als die zu verzeihen. Zudem, Vergebung, klingt das nicht nach Aufgeben und Nachgeben, nach Sich-Zurücknehmen und Entschuldigen, also nach einer ganz defensiven Position?

Vergebung ist ein so großes Wort, ein so großer Bereich, den wir kaum überschauen können. So viele Gefühle sind mit im Spiel, dass wir leicht in Verwirrung geraten und am Ende gar nicht mehr wissen, was jetzt Sache ist und wie Vergebung eine Chance bekommen kann.

Ein **kleiner Schlüssel** könnte es da sein, das große Paket „Vergebung" aufzumachen und genauer im Einzelnen hinzuschauen, was sich in diesem „Gesamtpaket" verbirgt und welche einzelnen Teile oder Schritte zu berücksichtigen sind. [15]

Am Anfang steht wohl immer eine Verletzung, die schmerzt. Diesen Schmerz zu übergehen ist weder sinnvoll noch letztlich möglich. Ärger, Zorn oder Wut kommen hinzu und oft auch der Wunsch, sich zu rächen, es dem Verletzenden heimzuzahlen. Diese aggressive Reaktion ist nicht verwunderlich. Niemand muss die Verletzung eines anderen sogleich entschuldigen, etwa mit den Worten: „Er/sie hat es ja nicht so gemeint" oder „sie kann ja nichts dafür". Die auf eine Verletzung folgenden aggressiven Gefühle helfen dabei, Abstand zu dem Verletzenden zu gewinnen und sich auf sich selbst zu besinnen. Der andere hat letztlich nur so viel Macht über uns, wie wir sie ihm geben. Bei gewonnener Distanz wird es dann eher möglich, noch einmal genauer und sachlicher auf das Geschehen zu blicken.

Dabei können viele Fragen eine Rolle spielen, z.B.: Gibt es auch in mir schon lange bestehende verletzliche Stellen, die mich die gegenwärtige Verletzung vielleicht überstark empfinden lassen? Habe ich möglicher Weise zuvor selber mit meinem Verhalten eine Verletzung geradezu provoziert? Oder hat der andere mich etwa als einen Projektionsschirm benutzt, auf den er seine eigenen Konflikte und Verletzungen abgeladen, geworfen hat? Welche verständlichen Gründe gibt es für eine Kritik und Verletzung?

Wenn in diesen Fragen mehr Klarheit gewonnen wurde, wird es eher möglich, sich von der Verletzung zu distanzieren. Wie die Beziehung dann aussehen wird, ob es zu einer von beiden Seiten gewünschten Versöhnung kommt oder weiterhin eine größere Distanz nötig ist, das wird sich langsam zeigen. Niemand muss sich da zu etwas gezwungen fühlen, was für ihn oder sie nicht stimmt.

Die im Zusammenhang mit Vergebung oft auftauchenden Worte *„Reue"* und *„Wiedergutmachung"* mögen für uns heute zunächst fremd klingen, treffen aber einen wichtigen Punkt, der dazu gehört, wenn Vergebung eine Chance bekommen soll. Ohne zu bereuen, also ohne Einsicht in die eigenen Fehler bleibt Vergebung in der Luft hängen und ist nicht glaubhaft. Auch dass ich ernsthaft versuche, etwas wieder gut zu machen, also einen aktiven Beitrag leiste, gehört mit dazu.

Manchmal wird zurecht gesagt, das Schwierigste bei der Vergebung sei *die Vergebung sich selbst gegenüber*. Vielen Menschen, die eine reale Schuld bedrückt, ebenso wie denen, die mit mannigfaltigen Schuldgefühlen zu kämpfen haben, fällt es schwer, sich selber barmherziger zu sehen und sich selber zu vergeben. Das kann bis dahin gehen, dass man die gesamte eigene Existenz als eine einzige Schuld empfindet, gar nicht einer Annahme und Vergebung würdig. - Wer es aber langsam wieder lernt, sich selber zu vergeben und sich vergeben zu lassen, wird auch den Mut in sich verspüren, selber anderen zu vergeben.

Hilfreich finde ich auch die Vorstellung vom *„wounded healer"*, vom *„verwundeten Arzt"*, die besagt, dass vor allem ein *„verwundeter Arzt"* ein guter Arzt sein wird. Im erweiterten Sinne könnten wir sagen: gerade über die eigenen Verletzungen und Wunden können wir uns den Verletzungen und Wunden anderer nähern. Ein offener Umgang mit den eigenen Verletzungen und Fehlern wird uns eher zur Vergebung motivieren. Wer aber immer Recht behalten muss und nicht in Berührung kommen will mit den eigenen Verletzungen, wird es sehr schwer haben, auf einen anderen zuzugehen und zu vergeben.

Als Christen haben wir auch die Möglichkeit, bei einer Verletzung das Wort Jesu zu bedenken: *„Vater, vergib ihnen; denn sie wissen nicht, was sie tun." (Lukas 23, 34)*. Auch dieses Wort weist uns darauf hin, dass der andere wohl aus eigener Verletzung heraus gehandelt, eine eigene Verletzung weitergegeben hat, wie blind war in seinem Verhalten. In jedem Falle dürfen wir um *die Vergebung Gottes* bitten, für uns selber und für andere. Auch darum, dass Gott einem anderen vergibt, wenn wir dazu nicht (bzw. noch nicht) in der Lage sind. Niemand kann sich zu einer Vergebung zwingen oder den anderen mit einer Vergebung bedrängen.

Vergebung hat noch weitere Facetten wie z.B. die einer Versöhnung mit Gott, genauer gesagt mit verletzenden, vergiftenden Gottesbildern.[16]

Wir konnten jetzt bei dem großen Wort Vergebung nur einige Facetten bedenken und wenn wir dabei nur ein wenig Licht, vor allem das Licht des Abstandes, der Differenzierung und Klärung in den schwierigen Bereich Vergebung bringen konnten, ist schon viel gewonnen, schon ein **kleiner Schlüssel** in die Hand gegeben.

Daheim sein

Wo sind wir zu Hause? Wo fühlen wir uns zu Hause? Dort, wo wir wohnen, ein Zuhause haben? Bei den Menschen, mit denen wir zusammenleben, in einer Familie oder in einer Wohngemeinschaft? Dort, wo wir arbeiten, eine Aufgabe haben, einen Platz einnehmen und anerkannt sind? Bei Menschen, die Verständnis für uns haben, auch wenn wir sonst gar nicht mit ihnen zusammenleben? In der freien Zeit, abends, am Wochenende, im Urlaub? Bei Spiel oder Sport? Unter dem freien Himmel, beim Laufen, Radfahren oder Wandern? Beim Sich Ausruhen auf einer Bank am Wege mit einem freien Blick ins Weite?

Das Gefühl, daheim zu sein ist nicht gebunden an einen festen Ort. Es gibt viele Möglichkeiten dafür. Manchmal ist es so, dass sich dieses Gefühl ganz unerwartet einstellt: hier kann ich sein, hier ist mir wohl, hier bin ich jetzt zu Hause! Es ist dann wie ein Geschenk, ein kostbarer Augenblick, der sich uns tief einprägt. Wir entwickeln mit der Zeit ein Gespür dafür, was uns gut tut, was uns daheim sein, zur Ruhe kommen lässt. Viele Menschen haben sich heute eine Ahnung davon bewahrt, dass sie auch einen „Raum" brauchen, in dem sie allein oder mit anderen zusammen dem begegnen können, was sie *„unbedingt angeht"*. Es ist wie eine Bewegung, ein Fragen, eine Sehnsucht über die oft so engen Grenzen des menschlichen Lebens hinaus. Es ist ein Raum, in dem die wirklich wichtigen Fragen gestellt werden können:

Woher komme ich? Wohin gehe ich? Wer oder was gibt mir Halt und macht mir Mut, meinen Weg trotz mancher Schwierigkeiten weiter zu gehen?

Ein solcher Raum kann auch *der Raum einer Kirche* sein. Die Räume unserer Kirchen sind ein großer Schatz. Sie laden ein zur Ruhe, zur Besinnung, zum Beten, einfach zum Dasein vor Gott, mit dessen liebender und heilender Gegenwart wir rechnen dürfen. Für mich ist es wie ein **kleiner Schlüssel**, wenn ich beim Eintritt in eine Kirche einen kleinen *Liedvers* [17] spreche:

„Ich bin, Herr, zu dir gekommen, komme du nun auch zu mir.
Wo du Wohnung hast genommen, da ist lauter Himmel hier.
Zieh in meinem Herzen ein, laß es deinen Tempel sein.“ -

Anselm Grün sagt: "*Daheim sein kann man nur, wo das Geheimnis wohnt.*" - *„Es kann keiner aushalten, nur mit sich selbst konfrontiert zu sein.“*

Gott als Grund, als Geheimnis, als letzte Wirklichkeit, die uns Halt gibt, möchte unter uns wohnen. Nicht nur im Raum einer Kirche. Mehr noch in unseren Herzen, die weiter werden, in denen das Licht des Himmels aufgehen kann. Der äußere Raum der Kirche wird dann ein Gleichnis für einen *„inneren Raum“*, in dem wir zu uns selbst kommen, stille werden können. Ein *„innerer Raum“*, in dem die lauten, aufdringlichen Stimmen draußen und drinnen langsam sich beruhigen und das Gefühl sich einstellt, wirklich zu Hause zu sein.

Da der Geist bekanntlich weht, wo und wann er will, kann dieser *„Raum der Stille“*, das Licht des Himmels, auch überall dort sein, wo wir gerade sind. In kleinen Zeiten der Unterbrechung, der Besinnung, des Gebetes, der Nachdenklichkeit, des Staunens. Es ist eine Frage des Herzens, wo wir uns öffnen und dem Geheimnis, Gott, eine Chance geben, auch in unsere Herzen einzuziehen.

„Wer bin ich?"

In einem berühmten *Gedicht*, geschrieben im Jahre 1944 aus der Gefangenschaft, stellt *Dietrich Bonhoeffer* [18] die Frage: *„Wer bin ich?"* Dort geht er zunächst ein auf die Sicht anderer, ihn betreffend. Sie sagen, *„er träte aus seiner Zelle gelassen und heiter und fest"*, spräche mit seinen Bewachern *„frei und freundlich und klar"* und *„trüge die Tage des Unglücks gleichmütig, lächelnd und stolz."* - Doch dann erfolgt ein Bruch und Bonhoeffer fragt: *„Bin ich das wirklich, was andere von mir sagen?"* Er weiß ja noch ganz Anderes von sich selbst. Da erlebt er sich *„unruhig, sehnsüchtig, krank, wie ein Vogel im Käfig, ringend nach Lebensatem...dürstend nach guten Worten, nach menschlicher Nähe, zitternd vor Zorn über Willkür und kleinlichste Kränkung."*

Die Frage *„Wer bin ich?"* stellt sich in der Situation der Gefangenschaft natürlich auf sehr besondere Weise. Aber auch wir stellen sie. Auch in uns sieht es oft ganz anders aus als wir uns nach außen hin zeigen und wie andere uns zunächst wahrnehmen. Wo diese Brüche und Risse in unserer Person aufbrechen, da fragen wir neu nach uns selber und ebenso neu nach den anderen: Wer sind sie und wir wirklich, wenn wir uns bisweilen überraschend so erleben, wie wir es bisher nicht kannten: vielleicht besserwisserisch, fest nur im eigenen System verharrend, ganz schnell urteilend und verletzend.

Erschwert wird ein wahrhaftiger Blick auf uns selber und die anderen auch durch *die mannigfaltigen Rollen*, die wir spielen, oder durch *die Masken*, die wir tragen und hinter denen wir uns verbergen: z.B. *die Masken* des immer Tüchtigen und Erfolgreichen, des Starken und Unberührbaren, des stets Ausgleichenden oder Beschwichtigenden, des Besserwissers, des Recht-Habens bzw. Recht-Behaltens, des Alles-Kenners und Alles-Verstehers. Dieses

Spiel mit den Rollen oder Masken spielen wir oft ganz exzellent und sehr beharrlich! Ein wahrhaftiger Blick auf uns wird zudem oft getrübt durch *die Hintergründe oder die Schatten,* die wir auch in uns tragen und die unser Bild und unser Verhalten mitprägen, und zwar in einer Weise und Intensität, die wir oft selber gar nicht bewusst wahrnehmen. Die Einwirkung der hintergründigen Schattenaspekte ebenso wie die Identifikation mit den Masken oder Rollen kann so stark sein, dass ein wahres, ganzes Bild *mit* Licht- *und* Schattenseiten verschlüsselt und unzugänglich bleibt.

Ein **kleiner Schlüssel** ist hier für mich schon *die Frage an sich: Wer bin ich wirklich?* Bin ich wirklich so: immer erfolgreich, stark, lieb, nett, zuvorkommend? Kann ich es mir nicht erlauben, manchmal auch ganz anders zu sein und mich in meinen Emotionen und Wünschen wahrhaftiger zu zeigen? Muss die Angst dabei wirklich so groß sein, es würde mich dann keiner mehr wertschätzen, lieben? Schon dass wir die Frage nach uns offener stellen, bringt Bewegung in unser Selbst-Bild. Ein in Krisen, Lebensschicksalen und Herausforderungen in Frage gestelltes Bild von uns selbst kann sich öffnen, weiter, farbiger werden. Eine neue „Lebensmischung" kann sich herausbilden, die uns vielleicht sogar viel bekömmlicher ist als die bisherige. Die bisher zu feste, starre Identifikation mit einer Maske oder Rolle kann sich lockern. Ich lerne, sie auch mal abzulegen, auf ihren Schutz zu verzichten und die Vorteile einer offeneren Kommunikation zu erfahren.

Der entscheidende **kleine Schlüssel** ist für mich sodann die tägliche Übung des *Gebets.* „Klein" ist dieser Schlüssel insofern, als er sich nirgendwo demonstrativ aufdrängt. Er will schon gesucht, gefunden und ausprobiert werden. In *Gebeten Meditationen,* in *einzelnen Worten oder kurzen Sätzen,* Bibelworten, die ich mir immer wieder sage bzw. sagen lasse, die ich bewusst einsetze und in Lebenssituationen hinein spreche, finde ich Zugang zu einer noch ganz anderen Seinsweise oder Identität.

Wer bin ich? *Henri J.M. Nouwen* [19] antwortet mit dem Titel seines Buches: *„Du bist der geliebte Mensch"*:

„Mein einziger Wunsch ist, dass diese Worte in jeder Zelle deines Wesens widerhallen mögen: Du bist ein geliebter Mensch". „Ja, es gibt diese Stimme, die Stimme der Liebe, die Stimme, die vom Himmel her und aus dem Inneren zu dir spricht, einmal leise geflüstert ein anderes Mal laut gerufen: Du bist mein Geliebter. An dir habe ich Wohlgefallen. Es ist gewiss nicht einfach, sie in einer Welt zu hören, die voller Stimmen ist, die schreien: Du taugst zu nichts, du bist hässlich, du bist wertlos, bist unnütz, du bist niemand – oder beweise gefälligst das Gegenteil."

Es ist die Stimme, die auch *Dietrich Bonhoeffer* zum Schluss seines Gedichts als Gewissheit und Hoffnung bezeugt: *„Wer bin ich? Einsames Fragen treibt mit mir Spott. Wer ich auch bin, Du kennst mich. Dein bin ich, o Gott."*

Darin können wir uns auf jeden Fall wiederfinden: Was auch immer uns zustößt, wie zerrissen auch immer wir uns fühlen, ob wir die Herausforderungen zu einem größeren, weiteren Selbst-Bild annehmen können oder nicht: Gott kennt uns mehr als wir uns selber. Er kennt auch die anderen besser als wir es vermögen. „Dein bin ich, o Gott" - diese Gewissheit schließt uns verschlossene Türen zu uns selbst und zu anderen immer wieder neu auf.

„Die 9 Gesichter der Seele"

Die Individualität des Menschen könnte man mit dem Satz umschreiben; *„Jeden gibt's nur einmal"*! Jede, jeder bringt von Anfang an besondere Anlagen mit, durchlebt eine ganz eigene Lebensgeschichte und entwickelt sich zu einer unverwechselbaren Persönlichkeit. Dennoch werden wir bemerken, dass sich trotz großer individueller Unterschiede auch manch auffällige Gemeinsamkeiten beobachten lassen. Es gibt halt nicht nur diesen einen besonderen Menschen, sondern auch den „Typ" im Sinne einer Prägung, die nicht nur bei einzelnen, sondern noch bei vielen anderen erkennbar ist.

Früher sprach man etwa von *„vier Temperamenten" (Hippokrates)*: dem lebhaften *Sanguiniker*, dem wütend-zornigen *Choleriker*, dem dunkel gestimmten *Melancholiker* und dem inaktiven *Phlegmatiker* oder heute in psychologischer Sprache von den Typen des *Schizoiden*, des *Depressiven*, des *Zwanghaften* und des *Hysterischen* *(Fritz Riemann)* oder mit *C.G. Jung* vom *extravertierten* oder *introvertierten* Typ.

Vor einigen Jahrzehnten nun hat man das **Enneagramm** (aus dem Griechischen: neun Niederschriften), eine vermutlich aus der östlichen Weisheitradition stammende *„Typenlehre"* wieder entdeckt. *Andreas Ebert* oder *Uwe Böschemeyer* z.B. haben sie ausführlich in ihren Büchern beschrieben (siehe Literaturliste am Schluss). Die Charakterisierung der einzelnen Typen möchte ich so wiedergeben, wie *Uwe Böschemeyer* sie in seinen Büchern *„Das heitere Enneagramm"* und *„Du bist viel mehr, Wie wir werden können, was wir sein könnten"* beschreibt. Er sagt:

„Die neun Persönlichkeitsmuster unterscheiden sich voneinander in ihrem Denken, Fühlen und Handeln. Jeder Typ sieht die Welt anders als der andere, also jeweils aus einer anderen Perspektive. Wären uns diese

«neun Gesichter der Seele» vertraut, beachteten und achteten wir sie und zögen daraus konkrete Schlüsse, fiele uns der Umgang mit uns selbst und anderen erheblich leichter." [20]

Dies sind nun die *neun Persönlichkeitsmuster:*

1 Der Reformer: will etwas verändern. Er gibt sich nicht mit dem, was ist zufrieden. Kritisches nennt er beim Namen und versucht als „Idealist und Visionär einer guten Welt" in den Grenzen seiner Möglichkeiten das Beste zu erreichen. Typisch für ihn ist der *Leitsatz: „Ich sollte das Richtige tun".*

2 Der Helfer: hat es gern, gebraucht zu werden. Er wendet sich gern anderen zu und sieht den Sinn seines Lebens darin, für andere da zu sein, anderen zu helfen. Seine *Maxime* lautet: „Ich sollte anderen helfen."

3 Der Erfolgsmensch: strebt nach Erfolg und Anerkennung. Er möchte bewundert werden und tut viel dafür. Für ihn gilt vor allem: „Ich sollte erfolgreich sein."

4 Der Romantiker: sieht und liebt das ganz Besondere, Außerordentliche. Angetrieben ist er von einer oft unbewussten Sehnsucht nach vollkommener Liebe und Schönheit. So sucht er stets nach dem »fernen Schatz« oder der «blauen Blume». Jedenfalls richtet er sich nach der Devise: *Ich sollte ein(e) Besondere(r) sein."*

5 Der Beobachter: nutzt den Abstand. Analytisch, forschend, vor allem rational hält er sich eher beobachtend im Hintergrund. Sein *Imperativ* lautet: „ Ich sollte Abstand halten."

6 Der Loyale: ist eher skeptisch eingestellt, strebt nach Sicherheit, versucht alles zu regeln und unter Kontrolle zu halten. Mit klaren Strukturen und eher hierarchischen Systemen kommt er gut zurecht. Sein *Leitsatz* lautet: „Ich sollte meine Pflicht tun."

7 Der Glückssucher: ist viel spontaner und auch heiterer gestimmt. Als eher »ewiges Kind« ist er neugierig, verspielt, voller Energie und Begeisterung. Bestimmt ist er ganz von der Suche nach Freude und Glück. Für sie oder Ihn gilt der *Satz: „Ich sollte glücklich sein.“*

8 *Der Boß:* will führen, durchaus auch aggressiver; er baut auf seine eigene Stärke, die er verantwortungsbewusst und entschieden einsetzt. Sein ausgeprägtes Bedürfnis nach Gerechtigkeit kann auch die Form von Rachsucht oder diktatorischem Verhalten annehmen. Sein *Leitsatz* ist: *„Ich sollte stark sein.“*

9 *Der Ursprüngliche:* zieht sich eher in seine innere Welt zurück. Er kann sich selbst zurücknehmen, hat ein großes Einfühlungsvermögen und ist daher auch sehr geeignet als Vermittler bzw. Mediator. Zu Hause ist er aber vor allem in seiner inneren Welt. Für ihn gilt der *Leitsatz: „Ich sollte in Harmonie leben.“*

Eine Gefahr bei dieser „Typenlehre" besteht darin, Menschen viel zu schnell in eine Schublade zu stecken. Dieser Gefahr entgeht man eher, wenn man das Enneagramm zuerst als eine Möglichkeit sieht, sich selber in seiner Prägung näher kennenzulernen und zu verstehen. Es geht *nicht* darum, ob man eine 1, 5 oder 9 *ist*, sondern dass man eine deutliche *Nähe zu* dem einen oder anderen Typus bei sich selber oder bei anderen erkennen kann. Und es geht besonders darum, die Fixierung auf nur einen Typ zu lockern und sich auch für Anteile anderer Typen zu öffnen, um auch sie in die eigene Person zu integrieren.

Angesichts der nicht zu unterschätzenden Gefahren bei dieser Lehre möchte ich hier lieber erstmal von einem **kleinen** *Schlüssel* sprechen. Nichts würde die Tür zu anderen mehr verschließen als ein besserwisserisches Einteilen oder Beurteilen der Menschen. Die Einsichten des Enneagramms würden dann *„als Herrschaftswissen gegen andere missbraucht, um ihre Verhaltensweisen einzuordnen oder vorherzusagen“.* [21]

Hilfreich dagegen ist es, die Symbolik des *Enneagramms* als *„bewegtes Prozessmodell“* zu lesen, das nicht nur bestimmte Prägungen und Fixierungen der Person aufzeigt, sondern auch auf viele Möglichkeiten der *Ergänzung und Wandlung der Persönlichkeit* hinweist. Uwe Böschemeyer sagt: *„Niemand hat zu verantworten, wie es zu seinem Typus gekommen ist. Zu verantworten hat er lediglich, was er aus ihm macht."* [22]

Problematisch sind also nicht die vielen unterschiedlichen, bisweilen gegensätzlichen Prägungen oder Tendenzen im Blick auf die Menschen, sondern ein starr gewordener, unflexibler Umgang mit dem jeweils eigenen, zunächst dominanten „Typ" und die strikte Weigerung, Neues kennenzulernen, auszuprobieren und gegebenenfalls zu integrieren. Werden die Einsichten des Enneagramms jedoch in einer progressiven Weise als mögliche Fortentwicklung der Persönlichkeit und erweitertes Verstehen menschlicher Unterschiede genutzt, geben sie uns durchaus einen **kleinen Schlüssel** zur Hand, der uns hilfreiche Dienste erweist im oft verwirrenden Miteinander der Menschen.

Alles hat zwei Seiten

Vielleicht hört es sich zunächst etwas unbeteiligt an, wenn wir sagen, alles im Leben habe zwei Seiten. Überall gebe es *Gegensätze* voller Spannung: Licht und Dunkel bzw. Schatten, Himmel und Erde, Frage und Antwort, Sprechen und Schweigen, Angst und Vertrauen, Liebe und Hass, Freude und Traurigkeit. Fast ein wenig abgehoben mag es gar klingen, wenn wir dann psychologisch von der *Ambivalenz* der Gefühle oder philosophisch von der *Polarität* des Lebens sprechen, von der *Spannung zwischen den Polen* und auch davon, dass sie doch untrennbar zusammengehören, eben wie die zwei Seiten einer Sache.

Doch sehr schnell kann der allgemeine Satz von den Gegensätzen im Leben und ihrer spannungsvollen Zusammengehörigkeit zu einer bedrängenden eigenen *Erfahrung* werden. Wenn ich mich wie *zerrissen* fühle, *hin- und hergerissen* bin:

Zum Beispiel von einer *Angst*, die meine Lebensmöglichkeiten drastisch einschränkt *und* der gleichzeitigen Frage nach einem *Vertrauen*, das ich über die Angst hinaus, über Abgründe hinweg wagen kann und soll.

Wenn eine *Trauer* oder Traurigkeit mir jeden Schwung, jeden Wind unter den Flügeln nimmt *und* ich mir doch nichts sehnlicher wünsche als *mich* endlich wieder am Leben *freuen* zu können.

Wenn ich eigentlich *so nicht weiterleben*, aber auch nicht sterben kann *und* insgeheim doch auch auf eine Wende, auf einen *neuen Anfang* in meinem Leben hoffe.

Wenn ich mich öffnen, auf andere zugehen möchte *und* doch wieder die Bremse anziehe, mich in mein Schneckenhaus zurückziehe. Buchstäblich regungslos, wie erstarrt kann ich da sein, hin-

und hergerissen, mitten drin in den Gegensätzen, Spannungen, Kräften, die an mir ziehen.

Doch auch hier gibt es einige **kleine Schlüssel**, die die schwere Tür der Zerrissenheit öffnen können. Zunächst: *Alles darf erst einmal sein!* Meine Aggression ist in bestimmten Situationen genauso wichtig wie meine Liebe. Ich brauche bisweilen auch die Wut, den Zorn, um mich abzugrenzen, mich zu wehren, um mich von Menschen, die mich ständig verletzen, zu lösen.

Auch meine *Angst* ist nicht sinnlos. Sie ist gerade nicht ein schlechter Ratgeber, wie viele es oft so unbedacht dahin sagen. Sie macht bisweilen durchaus Sinn, macht uns auf Gefahren, Mängel, Einseitigkeiten und Sackgassen in unserem Leben aufmerksam. Sie konfrontiert uns, wenn auch schmerzlich, mit Spannungen, damit wir uns ihnen endlich stellen, sie angehen und vielleicht auch überwinden. Dauernde Freude und Harmonie, ohne Auseinandersetzungen, ohne Berührung mit dem Leid und der Traurigkeit bei anderen und in uns selber wäre doch ein illusorischer oder fast manischer Zustand, keineswegs erstrebenswert.

Es ist wichtig, *beide Seiten zuzulassen*. Blockaden können gerade dann entstehen, wenn wir nur auf einen Pol, auf eine Seite fixiert sind. Wer immer nur für andere da ist und sich selbst als liebenswerten und auch der Liebe bedürftigen Menschen aus den Augen verliert, kann sich schnell erschöpfen, *„ausbrennen"* *(„burn out")*, wie wir heute sagen. Es ist durchaus möglich, langsam auch der jeweils anderen, bisher zu sehr vernachlässigten Seite eine neue Chance zu geben und so mehr in ein *Gleichgewicht*, in eine *Balance* zu kommen, die neue Kräfte freisetzt.

Hilfreich und durchaus tröstlich finde ich den Gedanken: *Keine oder keiner ist eigentlich immer nur oben auf.* Jeder, jede kennt auch Tiefen und Einbrüche. Wunderbare Augenblicke, Zeiten des Erfolgs oder der Ruhe lassen sich nicht festhalten. Jeder kann mal

Fehler machen. Alle sind und bleiben wir *unvollkommen*. Jedem sollten wir das zugestehen, nicht zuletzt uns selbst.

Rainer Maria Rilke [23] hat einmal in einem Herbstgedicht im Blick auf das Fallen der Blätter auch vom „Fallen" gesprochen, das in uns allen ist:

> *„Wir alle fallen. Diese Hand da fällt.*
> *Und sieh dir andre an: es ist in allen.*
> *Und doch ist Einer, welcher dieses Fallen*
> *unendlich sanft in seinen Händen hält."*

Entlastend, beruhigend kann es sein, sich *mit* den Unvollkommenheiten, mit den Spannungen, mit dem „Fallen" in die Hände einer größeren Einheit, in die Hände Gottes, zu legen.

Die dunkle Seite

Wir können nicht nur davon ausgehen, dass „alles zwei Seiten hat", sondern werden unschwer auch bemerken, dass es da im Menschen wohl eine andere, dunkle Seite gibt. Eine Seite oft im Hinter- oder Untergrund, oft verborgen und kaum zugänglich, aber nicht minder wirksam als die helle, klare, offenbare, ersichtliche Seite. Die verborgene, dunkle Seite möchte ich nicht gleich die „böse" nennen. Das wäre mir zu schnell, zu vereinfachend. So leicht lassen sich Gut und Böse nicht nebeneinander stellen.

Oft wird diese „Rückseite" auch als *„Schatten"* bezeichnet, den wir werfen. Wir sagen dann vielleicht: Er oder sie „habe noch eine ganz andere Seite." Diese andere, dunkle Seite meinen wir oft klar bei anderen ausmachen zu können. Doch genau diese Vermutung kann schon ein Hinweis darauf sein, dass wir nicht bereit sind, die dunkle Seite auch bei uns selber zu sehen. Denn die dunkle Seite ist für uns unliebsam, unerwünscht und wird deshalb auch schnell in den Hintergrund oder ins Unbewusste abgeschoben, verdrängt. Von dort aus ist sie aber nicht weniger aktiv. Wie und wo zeigt sich die dunkle Seite? Wo können wir sie erkennen? Viele Beispiele lassen sich nennen:

Eine ständig zur Schau gestellte Fröhlichkeit muss nicht nur ein Hinweis auf ein stets glückliches, heiteres, sonniges Gemüt sein. Dahinter, gerade wenn es immer fröhlich zugehen muss, kann sich auch eine tiefe Traurigkeit oder Verstimmung verstecken, die zu verbergen sehr viel Energie kostet.

Ein stets lieber, netter, zuvorkommender Mensch kann es mit der Nettigkeit auch übertreiben und auf diese Weise versuchen, einen tiefer verborgenen Groll, eine latente Aggressivität zu verbergen, unkenntlich zu machen.

Manch einer versteht sich selber geradezu als Musterbeispiel von Anstand, Rechtschaffenheit, Korrektheit und Gerechtigkeit. Wird's dann aber mal brenzlig und andere verletzen offensichtlich all diese hohen Ideale oder man gerät in Situationen, die einen den sonst gewohnten Anstand und die Beherrschung verlieren lassen, kommt die dunkle Seite plötzlich ungeschminkt zum Vorschein.

Gelingt es einem Erwachsenen normaler Weise, auf eine Herausforderung oder Entgegnung sachlich, prüfend, selbstbewusst zu antworten, kann es geschehen, dass ein und derselbe plötzlich in das Verhalten eines Fünfzehnjährigen zurückfällt, der auch mal rotzfrech, pampig, unverschämt und verletzend reagieren kann.

Wir alle wissen, dass selbst den Geduldigsten mal „der Geduldsfaden reißen" kann. Der sonst rational überlegt Handelnde wird in emotionalen Grenzsituationen auch mal den Überblick, die Kontrolle verlieren können oder drohen, von Sentimentalitäten überschwemmt zu werden. Die ansonsten Zarte und Sanfte, Verstehende kann dahin kommen, dass auch sie mal „ganz andere Seiten aufspannen" möchte, auch mit Strenge und Bestrafung reagieren kann.

Der Willensstarke wird bisweilen die Erkenntnis des Paulus bestätigen: „Denn das Gute, das ich will, das tue ich nicht; sondern das Böse, das ich nicht will, das tue ich." (Römer 7, 19)

Wir alle leben mit dunkleren Seiten, mit Schwächen und Fehlern. Manchmal treten sie deutlicher hervor. Meist aber geben wir uns große Mühe, sie vor anderen und auch vor uns selbst zu verbergen, wodurch wir sie dennoch nicht aus der Welt schaffen können. Daher wäre ein erster **kleiner Schlüssel** darin zu sehen, auch mit der dunklen Seite in uns und in anderen zu rechnen, damit zu leben, sie einzugestehen, Kontakt mit ihr aufzunehmen, überhaupt Zugang zu ihr zu haben. Es gilt, die dunkle, abgeschlossene „Kammer" in uns aufzuschließen und sich mutig, tapfer anzuschauen, was sich darin verbirgt. Mögen wir dabei zunächst auch erschrecken, so werden wir mit der Zeit doch lernen, ehrlicher, bescheidener zu werden und uns und andere in aller Brüchigkeit und Durchschnittlichkeit anzunehmen. Positiv ist ja zu sehen: wer *„vor seiner eigenen Türe kehrt"*, also seine eigenen dunklen Seiten anschaut, wird eher bereit sein, verständnisvoller, barmherziger mit anderen und ihren dunklen Seiten umzugehen. Auch wird man sich weniger blenden lassen durch die vermeintlich immer hellen Seiten anderer. Wie bei uns selbst wird man wissen: *„Wo viel Licht ist, ist auch viel Schatten"*.

Die Beter der Psalmen suchten – in aller Bedrängnis durch die „dunklen Seiten" anderer oder auch in ihnen selbst – ihre Zuflucht in Gott:

„Gott der Herr ist Sonne und Schild;
der Herr gibt Gnade und Ehre."
(Psalm 84,12)

In der Hinwendung zu dem Gott, der ihnen Sonne und Schild war, der ihr Leben hell machte und sie beschützte, fanden sie den *kleinen oder auch großen Schlüssel*, der ihnen die Tür zu einem Haus aufschloss, in dem nichts verborgen, verschlossen werden musste.

Ressourcen

Nicht nur die dunklen Seiten eines Menschen können verborgen sein, nicht offensichtlich zu erkennen. Auch seine hellen Seiten, seine Fähigkeiten, Potentiale, Talente oder Stärken werden oft genug viel zu sehr an den Rand gedrängt oder sind gar nicht erst im Blick.

Über die dunklen Seiten im Menschen, seine Schwächen und Verletzungen haben wir viel von der Psychologie und Psychotherapie erfahren. Ohne diese Erkenntnisse in Frage zu stellen ist aber vielen heute daran gelegen, den Fokus nicht mehr allein auf die Schwachstellen und Dunkelheiten zu legen, sondern den Blick ebenso aufmerksam zu richten auf die Stärken, die Quellen, die *„Ressourcen"*, auf die *„Resilienz"*, die Widerstandsfähigkeit, die es Menschen ermöglicht, Krisen zu bewältigen unter Rückgriff auf ihre Stärken.

Dass und wie es überhaupt dazu kommen kann, diese Kräfte oder Quellen aus den Augen zu verlieren, hat gewiss noch mit der *„dunklen Seite"* zu tun: Wenn Menschen sich schon früh zu sehr nach den Wünschen ihrer Eltern oder anderer richten sollen, wenn sie nicht gesehen, nicht angesprochen, nicht bestätigt, herausgefordert werden in ihren je eigenen Begabungen und Talenten, wenn sie darin zu sehr gebremst, gestutzt oder gar beleidigt werden, haben sie es sehr schwer, sich selber berechtigt und gut zu finden, an sich selber zu glauben, zu sich und ihren Stärken zu stehen. Die Frage nach den tieferen Quellen oder Ressourcen, aus denen ein Mensch lebt, stellt sich deshalb umso mehr. Und oft sind es gerade Krisen, die uns ganz neu nach den tieferen Quellen fragen lassen und bisher verborgene Stärken ansprechen.

In meiner Schulzeit musste ich einmal eine solche Krise bewältigen. Es war die Zeit, als wir vor allem im Deutschunterricht Aufsätze schreiben sollten und ich dabei offensichtlich eine völlige Blockade hatte. Ausgerechnet der strengste Lehrer der Schule war mein Deutschlehrer. Offenbar bekam er meinen Kampf mit den Aufsätzen mit und sagte mir eines Tages zu meiner völligen Überraschung: "Ach, das wird bei dir noch besser werden, im Abitur hast du bestimmt mal eine zwei oder eins." Dieses positive Zutrauen hat dann recht bald bei mir mit dazu geführt, dass die Blockade sich löste und sich sogar Freude am Schreiben entwickeln konnte.

Dieses kleine Beispiel kann vielleicht ermutigen, bei sich selber mehr auf zunächst verborgene, versteckte eigene Gaben, Stärken, Talente zu achten, ohne die vermutlich keiner auskommen muss.

Ein weinig möchte ich nun noch einige solcher Talente oder Ressourcen näher benennen:

Wenn jemand eine ganz offensichtliche Begabung erkennen lässt: sei es im Sport, in den Naturwissenschaften, in der Musik, in Malerei oder Kunst überhaupt, so ist klar, dass diese Gaben unbedingt zu beachten sind und der Förderung und Weiterentwicklung, Stärkung bedürfen!

Es gibt Menschen, die können sich von Herzen anderen Menschen zuwenden, ihnen zuhören, ihre dunklen Seiten ahnen ohne jede Beurteilung, ebenso die hellen Seiten sehen und ansprechen. Wenn sie dabei auch mit ihren eigenen Quellen in Kontakt bleiben, können sie sehr segensreich wirken. Andere wieder haben die Gabe, aus einem gewissen Abstand heraus Zusammenhänge, Verbindungen, das Wesentliche in Gesprächen oder auch Auseinandersetzungen zu erkennen und auf den Punkt zu bringen. Oft fällt es ihnen auch leicht, dies dann schriftlich festzuhalten.

Es gibt Menschen der Tat, die den Mut haben, sich klar und mutig für ein Ziel einzusetzen und zu seiner Verwirklichung aktiv beizutragen, auch andere zur Mitarbeit zu gewinnen.

Meine besondere Sympathie gilt denen, die mit der Gabe des Humors gesegnet sind. So gelingt es einem Kollegen, fast in jedem Gottesdienst – bei aller sonst gebotenen Ernsthaftigkeit - die Zuhörer mindestens einmal zum Schmunzeln oder auch zum Lachen zu bringen.

Einer türkischen Mitarbeiterin in der Kita gelingt es, die Kinder mit selbst erfundenen Geschichten so zu begeistern, dass diese sich immer neue Geschichten von ihr wünschen.

Große Freude und Respekt empfinde ich auch bei Menschen mit ganz praktischen, z.B. handwerklichen Fähigkeiten.

Im Grunde sind ja alle Gaben, Stärken, Talente, Quellen, Ressourcen auch wie **kleine Schlüssel**, die die Tür zu einem erfüllten, sinnvollen Leben aufschließen können. Schön ist es, wenn wir sie auch mit Dank annehmen, wenn wir sie transparent werden lassen für den Geber aller Gaben. Wiederum ein Psalmwort deutet die letzte Quelle des Lebens an:

> *„Denn bei dir ist die Quelle des Lebens*
> *und in deinem Lichte sehen wir das Licht.“*
> *(Psalm 36, 10)*

Vorsicht Sprüche!

Es ist durchaus etwas Schönes und Hilfreiches, einige gute Worte, Sprichworte, kleine Gedichte, Liedverse oder auch Bibelworte zu kennen. Wie ein kleines Reservoir oder auch wie einen „Schatz", den man in sich trägt. Worte, die wie von selbst wieder auftauchen, die einen begleiten und die man an andere weitergeben kann. Manchmal mag das Wort, der Spruch auch direkt ankommen, ermutigen, trösten oder auch zum Nachdenken anregen.

Doch nicht gerade selten *können Sprüche* und gut gemeinte Worte - eher ungewollt - Menschen *treffen*, ja verletzen! Das passiert leicht vor allem dann, wenn wir solche Sprüche eher mal so nebenhin aus Verlegenheit und ohne genauere Kenntnis der Situation eines anderen gebrauchen.

Denken wir zum Beispiel an einen Menschen, der momentan unter einer *Depression* zu leiden hat. Das Aushalten und Durchstehen dieses Zustandes ist ja allein schon schwerste Arbeit! Und da kommt nun ein anderer und sagt ihm die flotten Worte: „Nun reiß dich doch mal zusammen! Du musst selber etwas tun. Wo ein Wille ist, ist auch ein Weg!" Für einen leidlich gesunden, im Gleichgewicht seiner Kräfte befindlichen Menschen mag ein solcher Appell an die Willenskraft nicht völlig verkehrt sein. Bei dem, der mit einer Depression zu kämpfen hat, ist es ein Schlag ins Gesicht, ein Treffer in die offene Wunde. Sein Leid, seine Verzweiflung ist es doch gerade, dass er will, aber nicht kann, jetzt nicht oder noch nicht kann!

Für mich ist es daher wie ein **kleiner Schlüssel** geworden, *bei Sprüchen große Vorsicht walten zu lassen*, immer die eigene Situation und die der anderen mit zu bedenken. Zu beachten ist auch, dass solche Sprüche immer zuspitzen, etwas auf den Punkt bringen und dabei leicht einseitig werden können. So ist es etwa für Menschen, die sich in einer Krise befinden, die im Augenblick nicht im Vollbesitz ihrer Kräfte leben können, viel hilfreicher, erst einmal nach einem Weg zu suchen, wie sie jetzt mit dieser ganz anderen, nicht vertrauten Situation umgehen können. Wichtiger ist es auch, Weggefährten, verständnisvolle Begleiter, Mitbetroffene zu finden, zu fragen, sich auszutauschen. Und erst wenn sich dann ein Weg - oft nach längerer Zeit des Suchens – wirklich zeigt, hat es Sinn, die langsam wiederkehrenden Kräfte *dafür* einzusetzen. Und so würde denn für den Umgang mit schwierigen Situationen und Krisen *nicht* das Sprichwort gelten *„Wo ein Wille ist, ist auch ein Weg"*, sondern viel eher - nach einem Vorschlag von *C.G. Jung:* [24]

„Wo ein Weg ist, ist ein Wille".

Nehmen wir noch ein ähnliches Beispiel, das schöne Sprichwort, mit dem man gern einen Mutlosen weder aufrichtet:

„Wende dein Gesicht zur Sonne, und die Schatten fallen hinter dich!" Weniger bildhaft sagen wir es heute auch so: „Denk doch mal positiv!" Wiederum ein an sich nicht ganz verkehrter Rat. Selbstverständlich macht es Sinn, nicht nur das halbleere, sondern auch das halbvolle Glas zu sehen, neben den Schattenseiten auch das Helle, die sonnigen Seiten zu beachten und zum Zuge kommen zu lassen. Doch unversehens kann man mit dem Appell zur Sonne, zum Licht, zum Positiven sich und anderen Gewalt antun. Auch hier wäre es möglich, den Spruch *umzukehren* und zu sagen: *„Wende dich auch den Schattenseiten, den dunklen Abschnitten deines Lebens zu, sperre sie nicht aus, sondern nimm vielmehr Kontakt zu ihnen auf, setze dich mit ihnen auseinander und vertraue darauf, dass dann das Licht der Sonne, der Lebensfreude durch alles Dunkle und Zwielichtige hindurch langsam sich wieder zeigen wird!"*

Wir kennen den bekannten Spruch: *„Jeder ist seines Glückes Schmied."* Man könnte den Satz auch wenden und sagen: *„Jeder ist seines Glückes Störenfried".* Auch dieser Satz macht ja Sinn. Es ist die selbstkritische, bescheidene Erkenntnis, dass wir durchaus auch selber unseren Beitrag dazu leisten, wenn wir nicht glücklich sein können oder dürfen. *Wir sind* nicht nur Opfer einer unglücklichen Entwicklung oder Erziehung, sondern *auch selber Autor oder Regisseur unseres Lebens.* Das zu sehen und auch die Verantwortung dafür zu übernehmen, ist wichtig, um dem Glück wieder mehr Chancen zu geben.

Vor einem unbedachten, unkritischen Umgang mit Sprüchen wird also gewarnt! Erhalten Sie sich die Freiheit, selber zu spüren, zu prüfen, welches Wort, welcher Satz, Ihnen in Ihrer Situation etwas Wichtiges sagt und weiterhilft, vielleicht sogar wie ein „Licht" ist, das manches in Ihrem Leben ganz neu sehen lässt.

„Wohl dem, der fragt!"

Normalerweise gilt bei uns jemand als kompetent und erfolgreich, wenn sie oder er um keine Antwort verlegen ist, über einen großen Schatz an Antworten verfügt. Damit kann man sich sehen lassen, damit hofft man zu glänzen. Und wenn die richtige Antwort auch noch Geld einbringt, wie bei einem Quiz im Fernsehen, umso besser! Auch für Prüfungen ist es natürlich gut, die richtigen Antworten zu wissen. Wobei es schon dabei oft wichtiger ist, den Weg zu einem Ergebnis, zu einer Antwort mitgehen zu können. Dabei sind auch Umwege oder Irrwege nicht einfach verkehrt. Sie müssen manchmal gegangen werden, um - über Versuch und Irrtum – zum rechten Ziel zu gelangen.

Den Weg finden wir nur, indem wir uns bewegen, Fragen stellen, uns auf Fragen einlassen, die das Leben an uns stellt. *Sich auf den Weg machen, aufbrechen, suchen, fragen*, das ist *eine Grund-Bewegung des Lebens*. Das Glück einer gefundenen, richtigen Antwort ist kein Dauerzustand. Das offene, unfertige, unvollkommene Leben sorgt schon dafür, dass wir uns bald wieder auf neue Fragen einlassen müssen. Wir werden herausgefordert. Mühe, Anstrengung und eine gewisse Unsicherheit werden uns dabei abverlangt.

Doch dieses Fragen und Weiterfragen hat auch seinen Reiz, bringt uns in *eine Spannung, die lebendig erhält.* Jemand, der immer nur fertige Antworten parat hat, sich nur noch auf gesicherte Positionen zurückzieht, ist in Gefahr, bei sich selbst und bei anderen den Fluss des Lebens zu blockieren. Fühlen wir uns nicht letztlich wohler bei einem Menschen, der unsere Fragen anhört, sie erst einmal stehen lässt und zu verstehen versucht? Bei einem, der ein Stück unseres Weges mit uns geht auf oft verschlungenen Pfaden und Vertrauen weckt, dass einmal ein Ziel, eine Antwort gefunden werden wird?

Auch in „Glaubenssachen" sind die Fragen mindestens so wichtig wie die Antworten. Auch die wirklich wichtigen *biblischen Geschichten* sind überhaupt nur zu verstehen und nachzuvollziehen als *der Versuch*, etwa mit einer Erzählung *auf eine bedrängende Lebensfrage zu antworten.*

Wenn zum Beispiel am Anfang der Bibel davon erzählt wird, dass die Frau aus einer Rippe des Mannes geschaffen sei, so ist das natürlich keine biologische Auskunft, sondern der Versuch einer Antwort auf die Frage: Warum hängen eigentlich Mann und Frau so aneinander? Wie kommt es, dass Glück und Unglück menschlichen Lebens oft ganz und gar an dieser Beziehung von Mann und Frau zu hängen scheinen?

Ein „frommer" Mensch ist ja auch in der Bibel nicht jemand, der über einen gesicherten Schatz an Glaubenswahrheiten verfügt, sondern eher *ein Nachdenklicher, ein Interessierter, ein leidenschaftlich Suchender, ein Fragender.* Einer, der vielleicht gestern die Antwort wusste, heute aber nicht mehr.

Der Alttestamentler *Antonius H.J.Gunneweg*[25] sagt von diesem „Frommen" in einer *Predigt über Psalm 1* mit der Überschrift „*Wohl dem, der fragt.*":

„Wohl dir, dass du fragst! Und wäre es vielleicht ein verzweifeltes Fragen nach dem Ob und dem Warum; ein Fragen aus der Tiefe unseres Nichtwissens und Nichtbegreifens... Ja, und wäre es ein Fragen, wie in den Klageliedern des Psalters gefragt wird und wie der Gekreuzigte fragte: „Mein Gott, mein Gott, warum hast du mich verlassen?" Dennoch gilt: Wohl dem, der fragt. Schon dass er fragt, heißt Neubeginn... Denn dem Fragenden wird Antwort verheißen. Antwort aber ist Orientierung, Verwurzelung im Lebensgrund: „Wie ein Baum gepflanzt an Wasserbächen, der seine Frucht bringt zu seiner Zeit." (Psalm 1)

Der **kleine Schlüssel** wäre hier: *Achten Sie auf die Fragen, die in Ihnen sind! Lassen Sie sie erst einmal einfach stehen, ohne sie zu bewerten. Seien Sie stolz darauf, dass Sie Fragen stellen!* Suchen Sie die Gemeinschaft von Menschen, die mit Ihnen die wesentlichen Fragen stellen. Sich der eigenen Fragen und der Fragen anderer anzunehmen, sich ihnen zu stellen, ist eine Stärke.

„Alle Knospen springen auf…"

Vielleicht das Schönste, was wir über einen Menschen sagen können, ist, dass er oder sie *„aufgeblüht"* sei. Wir nehmen bei anderen oder auch bei uns selber eine *Wandlung* wahr. Jemand ist zu sich selber, zu seinen besonderen, zu den ihm eigenen Möglichkeiten gekommen. Zuvor war es noch nicht erkenntlich, noch verborgen wie bei einer „Knospe". Doch nun hat es so etwas wie einen Entwicklungsschub, eine Veränderung, eine *Wandlung* gegeben. Und die Blüte entfaltet sich in ihrer Besonderheit, in ihrer ganzen Pracht und Schönheit. Etwas Wunderbares ist es, wenn wir das bei einem Menschen wahrnehmen können. Oft geschieht es gerade dann, wenn die Zeit einer Krise durchlebt, durchgestanden und auch überwunden werden konnte.

Die Veränderung, die das „Aufblühen" mit sich bringt, ist sehr schön in einem *Lied*[26] angedeutet: In Bildern, die an die Verkündigung Jesu, an sein Wirken anknüpfen, deutet das Lied eine Verwandlung an:

„Alle Knospen springen auf, fangen an zu blühen."

„Alle Nächte werden hell… alle Menschen auf der Welt fangen an zu teilen…alle Wunden nah und fern fangen an zu heilen… alle Augen springen auf, fangen an zu sehen…alle Lahmen stehen auf, fangen an zu gehen…alle Stummen hier und da fangen an zu grüßen…alle Mauern tot und hart werden weich und fließen."

Wer kennt nicht bei sich selbst und bei anderen die Wunden, die Verletzungen, die oft nach langer Zeit noch schmerzen und wieder aufbrechen? Wer erlebt es nicht bisweilen, dass die Augen, die Blicke getrübt, gesenkt, wie

„blind" sind und gar keinen „Durchblick" mehr haben? Wer spürt nicht manchmal die Unbeweglichkeit, die Starre, die Lähmung, die uns fesselt? Oder die toten, harten Mauern, die Menschen um sich herum bauen, an die wir stoßen und auch andere damit verletzen?

Da ist es fast *wie eine „Auferstehung", wie ein Aufstehen zu neuem Leben*, zu neuer Lebendigkeit, was sich in den Bildern des Liedes ankündigt. *Wie ein Wunder* ist es, wenn Menschen sich selbst und andere ganz neu sehen können, wenn sie eine neue Kraft in sich spüren, wenn sie aufstehen und ihre Besonderheit, ihre Gaben entdecken und entfalten, wenn sie sich öffnen, sich mitteilen, Anteil nehmen aneinander.

Eine solche im „Aufblühen" sich vollziehende Verwandlung ist keineswegs selbstverständlich. Das Glück, sich zu entfalten, sich zu zeigen, „aufzublühen" kann nicht immer beherzt wahrgenommen, genossen werden. *Hindernisse*, die wir selber und auch andere uns in den Weg stellen, Dunkelheiten, „Nächte", bleiben oft nicht aus. Auch ist die Angst manchmal noch zu groß, die Sicherheit, den Halt und die Wärme der „Knospe" zu verlassen: die *Angst, sich zu zeigen* und möglicherweise dabei für nicht so schön befunden zu werden; die Angst vor dem Eigensein und davor, mit anderen nicht mithalten zu können; auch die Angst, ja doch so schnell wieder zu „verwelken", zu vergehen. Oft sind solche Ängste begründet durch schlechte Erfahrungen, die wir machen mussten. Wenn wir in unserer Besonderheit, in unseren Begabungen und Möglichkeiten nicht wahrgenommen und bestätigt wurden, kann es sehr schwer werden, aus sich herauszugehen, sich vorzuwagen. Doch ganz ohnmächtig und hilflos sind wir auch hier nicht. Wer wieder ein wenig Licht, Wärme und Bestätigung erleben konnte, wer wieder selber anfing aufzublühen, der wird – wie von selbst – nun auch aktiv dazu beitragen, dass auch andere Menschen sich mehr aus ihrer „Knospe" herauswagen.

Das ist bestimmt ein **kleiner Schlüssel:** *ein aufmerksamer, offener, freundlicher Blick für die Stärken und besonderen Gaben eines Menschen.* Ein beherztes Ansprechen und Bestätigen dieser Stärken kann bisweilen wahre Wunder bewirken. Und auch wie ein *kleiner Schlüssel* ist es, *die oft recht kurze Spanne des Blühens, diese herrliche Zeit zu genießen,* sicZeit dafür zu nehmen. Es sind Zeiten, in denen das Leben neu zu strömen und aufzublühen beginnt. Zeiten, in denen uns neue Gedanken und Ideen beflügeln und die Freude am Leben sich wieder regt. Hilfreich auf dem Wege einer Veränderung sind auch *entspannende „Übungen"* wie z.B. Fahrradfahren oder Spazierengehen. Wir bekommen im Freien Abstand, fühlen uns freier, finden wieder leichter zu uns selbst, zu unserer Mitte zurück.

In einem Bildband über den Park Wilhelmshöhe in Kassel steht zu Beginn der schöne Satz in lateinischer Sprache:

„ambulo ergo sum"
(„Ich gehe bzw.gehe spazieren also bin ich".) [27]

Auch solche entspanntere Zeiten tragen mit dazu bei, dass dann, in den Bildern des Liedes gesagt, die Knospen wieder aufspringen und die Nächte wieder hell werden.

Die kleinen Freuden

*J*ede, jeder von uns kennt wohl bei sich selbst und anderen wunderbare Augenblicke der Freude: ein toller Erfolg nach großer Anstrengung, eine bestandene Prüfung; ein ganz unerwartetes Geschenk des Schicksals, das es gut mit uns meint; die Erwiderung einer Liebe; eine wunderbare Bewahrung oder Rettung in Gefahr; die Geburt eines Kindes. Bei solch großen Augenblicken wissen wir alle, dass sie wieder vergehen, dass die Normalität, der Alltag uns schnell wieder einholt und auf den Teppich bringt.

Daher ist es bestimmt ein **kleiner Schlüssel** zum Leben, wenn wir nun auch im Alltag die vielen kleineren Chancen und Augenblicke der Freude wahrnehmen. *Theodor Fontane* hat einmal geraten:

„So muss man leben: immer die kleinen Freuden aufpicken
bis das große Glück kommt. Und wenn es nicht kommt,
so hat man wenigstens die kleinen Glücke gehabt."

Die *„kleinen Freuden"*, die *„kleinen Glücke"* sind es wohl ganz besonders, die unserem Leben Farbe und Schwung geben. Ich glaube, dass jeder von uns auch solche Freuden kennt. Zum Beispiel: Schon morgens einigermaßen erfrischt und wohlgemut, ohne größere Beschwerden aufwachen und die Anforderungen des Tages angehen zu können; ein von Terminen nicht ganz zugedeckter Tag, der noch Spielraum lässt; das Lob, die Begeisterung eines Kindes, das mit uns etwas anstellen will; sich einmal am Tage beim Laufen oder Fahrradfahren frischen Wind um die Nase wehen lassen; eine Musik, die berührt, die die Lebensgeister weckt und uns zumindest für kleine Augenblicke Flügel wachsen lässt. Ein einziger kleiner, herzlicher Kontakt, eine freundliche Begegnung mit einem Menschen, der Interesse und Teilnahme zeigt, kann einem ganzen Tag den heimlichen Ton der Freude geben. Kleinere Zeiten der Ruhe und Stille, die uns zu uns selbst, zu unserer Mitte, zu unserem Wesen und zu dem für uns stimmenden Maß zurückfinden lassen; bisher ganz Festgelegtes aufzulockern und neuen Erfahrungen, der Kreativität eine Chance zu geben… Wir könnten viele Beispiele hinzufügen.

Bei alledem ist es schon so, wie der bekannte Kanon es sagt: *„Froh zu sein bedarf es wenig, und wer froh ist, ist ein König."* Auf das *„wenig"*, auf die *„kleinen Freuden"* also *kommt es an.* Und wer sich die Gabe erhalten hat, hier auch mit *„wenig"* zufrieden zu sein, ist bestimmt ein kleiner König, eine Königin.

Doch selbst diese kleineren Erfahrungen der Freude und des Glücks können uns bisweilen verloren gehen. Wer momentan in sich einfach keine Spur der Freude mehr finden kann, der kann sich auch nicht auf Kommando freuen. Schicksale, Verluste, Trauer, Enttäuschungen, Probleme, Sorgen und Ängste können uns schnell treffen und den Horizont der Freude verdunkeln. Nicht zuletzt werfen wir uns und anderen auch selbst manche Stolpersteine in den Weg, tragen selbst mit dazu bei, dass wir und andere von der belebenden Erfahrung der Freude abgeschnitten werden.

Ein weiterer **kleiner Schlüssel** wäre es deshalb, *auch diesen Erfahrungen der Trauer, der Enttäuschung, der Angst nicht auszuweichen.* Mit ihnen in Berührung zu kommen, mit ihnen gleichsam zu sprechen, sie nicht abzuweisen, sondern sich darauf einzulassen, kann helfen. Viele Menschen können es bestätigen: wer das Tal, das Tief wirklich durchschreitet, wird in sich auch wieder neu die Freude finden, die hinter aller Traurigkeit und Angst wie ein unverlierbarer „Schatz" bereitliegt.

Gutes können wir uns und anderen bestimmt auch tun, wenn wir das, was uns erfreut oder wieder erfreut, *mitteilen, mit anderen teilen.* Auch Freude kann „anstecken“, kann wachsen, größer werden, wenn wir sie nicht für uns behalten. Anregungen zur Freude, zur Mitfreude kann jeder gut gebrauchen. Machen wir uns und anderen diese Freude!

Und beinahe wie von selbst wird es dann für viele so sein, dass sie dabei eine tiefe *Dankbarkeit* empfinden. Insgeheim wissen wir, dass wir keinen Anspruch auf die Freude haben. Sie ist ein wunderbares Geschenk, nicht immer einfach selber hervorzurufen. Da, wo sie möglich wird und wo wir sie fördern können, spüren wir, dass wir uns einem Grund, einer Quelle verdanken, die uns mit kleineren und größeren Freuden erfrischt.

Immer positiv denken?

Der Wunsch, die Aufforderung, möglichst allem eine positive Seite abzugewinnen, positiv zu denken, ist noch immer hoch im Kurs.[28] Etwas karikiert könnte man sagen: es wird einem nahe gelegt, schon am frühen Morgen mit einer „positiven Tageseinstellung" zu beginnen und diese dann bis zum Abend „zum allgemeinen Wohlgefühl einer insgesamt positiven Lebenseinstellung zu steigern". Negative Gedanken, so sagt man, würden nur zu negativen Emotionen - wie etwa Wut oder Trauer – führen und in deren Folge zu Verspannungen und Unwohlsein.

In der Praxis des Lebens erweisen sich positive Gedanken manchmal als sehr hilfreich. So kann ich bei einem Autounfall trotz aller Unannehmlichkeiten positiv auf das Malheur sehen, wenn nichts wirklich Schlimmes passiert ist, vor allem wenn kein Mensch zu Schaden gekommen ist. Meist sind wir gut versichert und können den materiellen Schaden verkraften. Selbst beim Zerbrechen einer Beziehung kann ich positiv sehen und denken, dass aus den Scherben einer Beziehung etwas ganz Neues werden kann, das dem Wesen und den Möglichkeiten der Getrennten eventuell sogar näher kommt als zuvor.

Weitere Beispiele aus dem Alltag ließen sich nennen. Und ich habe großen Respekt vor Menschen, die weiter gehen, sich weiter entwickeln, dazu lernen und sich nicht festkrallen in Enttäuschungen, die sich selber und andere nicht mit einer negativen Stimmung „vergiften". Menschen, denen es vertraut geworden ist, mehr auf das „halbvolle Glas" zu schauen als auf das „halbleere Glas" fixiert zu bleiben. Letzteres,   also etwa Enttäuschungen, Scheitern, das Negative, muss dabei ja nicht ausgeblendet werden.

Aber genau diese Gefahr besteht bei einem *einseitigen, übertriebenen* Positivdenken, dass wir das Negative ausblenden und nur noch Positives sehen wollen. Gefährlich ist es deshalb, weil es zu einem ungeheuren Druck, ja Zwang führen kann, alles auf eine positive Ebene anheben zu müssen. Wer das nicht schafft – und vermutlich sind das doch sehr viele – wird dann schnell zu einem Schwächling oder Versager, der es mal wieder „nicht gepackt" hat. Und führt das nicht unversehens wieder zu „negativen" Emotionen wie Scham und Enttäuschung? Der zu hohe Anspruch einer immer möglichen positiven Sicht kann daher wegen seiner Uneinlösbarkeit die Persönlichkeit mehr schwächen als stärken.

Ein geradezu beschwörender Glaube an das Positive setzt sich über die menschlichen Möglichkeiten hinweg. Es ist schlicht nicht möglich, allem sogleich eine positive Wendung zu verpassen. Im Kleinen wie im Großen gibt es menschliche Schicksale, Ausweglosigkeiten und auch bestialische Bösartigkeiten, denen nichts Positives abzugewinnen ist. Was etwa sollte positiv daran sein oder werden, wenn Menschen die Wahrheit über sich selbst beharrlich verbergen und mit anderen ein falsches Spiel spielen? Was sollte je positiv daran sein, wenn Menschen andere Menschen erniedrigen und ihnen übel mitspielen? Wir könnten auch viele Beispiele unglaublicher Ungerechtigkeiten, die Menschen zutiefst schaden, hinzufügen. Da bleibt es unverständlich, wie man glauben kann, allem eine positive Wende geben zu können. In einer solchen großartigen, mächtigen Position sind wir keineswegs.

Als erster **kleiner Schlüssel** könnte uns vielleicht helfen, einmal eine Alternative auszuprobieren, auf die *Wilhelm Schmid* hinweist, nämlich ein bewusstes *„Negativdenken"*, das man sich etwa so vorstellen kann: Denkt man nicht grundsätzlich das Beste, sondern das Schlechteste über die Dinge, Verhältnisse und Menschen, so wird man selten enttäuscht. Kommt das befürchtete Negative wirklich, trifft es einen nicht unvorbereitet und das Leben geht weiter. Zugegeben, ein wenig klingt das nach einem „Trick", aber hat es nicht mindestens so viel für sich wie die positive Zauberformel?

Ein zweiter **kleiner Schlüssel** ist für mich *der Blick auf Jesu Worte und Verhalten.* Nirgendwo in den Evangelien kann ich erkennen, dass Jesus besonders zu einem „positiven Denken" auffordern würde. Positiv, gut ist für ihn doch in erster Linie Gott, den er seinen „lieben Vater" nennt und dem er ohne Einschränkungen vertraut. Die Menschen sieht Jesus gefangen in ihren oft verhängnisvollen Mustern und vor allem in ihrer Angst und in ihrer Unbarmherzigkeit sich selbst und anderen gegenüber. Er sieht sie mit einem tiefen Erbarmen und möchte sie ermutigen, sich Gott, so wie sie sind, anzuvertrauen und aus diesem Vertrauen neu zu werden und neu zu beginnen.

Für mich ist diese Sicht Jesu viel stimmiger als unser so großartig sich gebender Glaube an den „unaufhaltsamen Siegeszug des Positiven"*(W. Schmid).*

Auch *Martin Luther* umschreibt die Wahrheit menschlichen Lebens mit seiner bekannten Formel vom *„simul iustus et peccator"* (zugleich gerechter, gerechtfertigter *und* Sünder). Wir sind immer beides: von Gott „positiv" angesehen, gerechtfertigte, befreite, erlöste Menschen *und* Sünder, Menschen *„incurvatus in se ipsum", „in sich selber verkrümmte Menschen",* die in Gefahr sind, in allem nur sich selber zu sehen, immer nur zu fragen: was habe ich davon, was bringt mir das?

All dessen eingedenk möchte ich dennoch die *gelegentlichen* Chancen zum positiven Denken keineswegs missen. Sie tun uns gut, umso mehr wir sie nicht überstrapazieren.
Mit der Illusion eines immer und überall zum positiv Wendbaren ist niemandem ein Gefallen getan.

Aufstieg und Abstieg

Beim Thema Aufstieg und Abstieg wäre ein Fußball- oder Eishockeyfan vermutlich sofort wie elektrisiert. Ein möglicher Aufstieg der eigenen Mannschaft, der man seit langen Jahren die Treue gehalten hat, bringt ungeheuren Aufschwung, Auftrieb in den anstrengenden und oft so tristen Alltag. Umgekehrt kann ein zu befürchtender oder gar realer Abstieg große Enttäuschung und Traurigkeit hervorrufen. Hier im Sport kommen wir einer Spannung, einer Polarität nahe, die auch sonst in unserem Leben – wenn auch zunächst meist unspektakulärer, unaufgeregter – eine wichtige Rolle spielt.

Wir können alle mal zwischen einer aufsteigenden oder absteigenden Gemütsverfassung schwanken. Erfolge und Misserfolge, Glücks- und Pechsträhnen können sich abwechseln und es gibt keinerlei Garantie auf eine kontinuierliche Aufwärtsbewegung. Manchmal passieren einfach Schicksalsschläge, „Einbrüche", Abstiege, und wir haben nicht einmal eine plausible Erklärung dafür.

Hinzu kommt, dass das Thema Aufstieg und Abstieg auch etwas ganz Natürliches ist. Unser gesamter Lebenslauf beinhaltet, auch wenn uns das gar nicht gefällt, Aufstieg und Abstieg. *C.G. Jung* hat in seiner berühmten Schrift *„Die Lebenswende"* [29] den täglichen *Sonnenlauf als Gleichnis für den Lauf des Lebens* genommen. In Worten, die die Symbolik des Sonnenlaufs aufnimmt und zugleich für das menschliche Leben transparent macht, gibt *Jung* zu bedenken:

„Denken Sie sich eine Sonne, von menschlichem Gefühl und menschlichem Augenblicksbewußtsein beseelt. Am Morgen entsteht sie aus dem nächtlichen Meere der Unbewusstheit und erblickt nun die weite, bunte Welt in immer weiterer Erstreckung, je höher sie sich am Firmament er-

hebt. In dieser Erweiterung ihres Wirkungskreises, die durch das Aufsteigen verursacht ist, wird die Sonne ihre Bedeutung erkennen und ihr höchstes Ziel in größtmöglicher Höhe und damit auch in größtmöglicher Erstreckung ihres Segens erblicken. Mit dieser Überzeugung erreicht die Sonne die unvorhergesehene Mittagshöhe…" - „Doch um zwölf Uhr mittags beginnt der Untergang. Und der Untergang ist die Umkehrung aller Werte und Ideale des Morgens." Ein „Mittagsumsturz", eine „psychische Mittagsrevolution, der Untergansbeginn" findet statt.

Das Schlimmste daran, so sagt Jung, ist: "dass kluge und gebildete Menschen dahin leben, ohne von der Möglichkeit solcher Veränderungen zu wissen. Gänzlich unvorbereitet treten sie die zweite Lebenshälfte an." Es gebe auch keine Schulen, die die Menschen auf ihr jetzt kommendes Leben und seine neuen Anforderungen vorbereiten würden:

„Nein, aufs tiefste unvorbereitet treten wir in den Lebensnachmittag, schlimmer noch, wir tun es unter der falschen Voraussetzung unserer bisherigen Wahrheiten und Ideale. Wir können den Nachmittag und Abend des Lebens nicht nach demselben Programm leben wie den Morgen."

C.G. Jung gibt dem älter werdenden Menschen zu bedenken, er sollte wissen, dass sein Leben nicht ansteigt und sich erweitert, „sondern dass ein unerbittlicher innerer Prozess die Veränderung des Lebens erzwingt." Nun sei es „eine Pflicht und eine Notwendigkeit, seinem Selbst ernsthafte Betrachtung zu widmen". Im Bilde gesagt: „Die Sonne zieht ihre Strahlen ein, um sich selber zu erleuchten, nachdem sie ihr Licht auf eine Welt verschwendet hat."

Mir scheint, gerade in solchen Worten verbirgt sich für uns ein sehr wichtiger **kleiner Schlüssel**. Völlig ungeschminkt wird uns ein Spiegel vorgehalten und der wahre Lebenslauf vor Augen gestellt. Dass kann zunächst unangenehm, dann aber auch sehr befreiend und spannend sein: Wir müssen uns nicht an die Vergangenheit klammern und dabei, wie *Jung* einmal sagt, *„als Erinnerungssalzsäulen stehen bleiben"*. Wir müssen nicht fortsetzen, was wir schon immer gedacht und getan haben. Wir können ganz

Neues lernen: z.B. loslassen, abgeben, sich zurücknehmen, beobachten, mehr als bisher fragen, sich für die Jüngeren interessieren , ihnen Raum geben, damit sie zu sich finden und ihre Position bedenken und klären können; ruhiger werden und sich auf sich selbst und das jetzt wirklich Wichtige konzentrieren und beschränken; nicht mehr alles mitmachen, nicht mehr konkurrieren und sich durchsetzen müssen. Bescheidener werdend gilt es, auch in manche „Abstiege" noch selber einzuwilligen und sich nicht nur durch den Lauf der Dinge zu anstehenden Veränderungen zwingen zu lassen.

Wie ein **kleiner Schlüssel** kann es also sein, frühere Lebensmuster, die mehr der aufsteigenden Lebenslinie entsprachen, nicht mehr weiter zu verfolgen, sondern sich zur rechten Zeit für notwendige Wandlungen, Änderungen aufzuschließen, sie als Herausforderungen anzunehmen, noch einmal neu zu lernen und gerade so unserer Würde gemäß zu leben.

Und noch ein anderer **kleiner Schlüssel** gehört für mich dazu: der weite Blick auf uralte *religiöse Symbole und Erzählungen*. So zog etwa nach dem Glauben der alten Ägypter der Sonnengott Re tagsüber in der Barke der Sonne über den Himmelsbogen, durchquerte nachts das Wasser der Unterwelt, um am Morgen wunderbar neu aufzusteigen. Das Bild vom Sonnenlauf kann also auch hoffnungsvoll sein, *„wenn die Überzeugung besteht, dass die Sonne mit der gleichen Konsequenz, mit der sie zum Mittag aufstieg, auch ihren Untergang sucht,* » *um fernen Völkern zu leuchten.* «" [30]

Künstler, denen ja auch Abstiege nicht erspart bleiben, sagen es manchmal (mit einem Wort aus dem Buch Sohar, dem Hauptwerk der jüdischen Kabbala) so:

„Und das Sinken geschieht um des Steigens willen."

Bei dem Sinken oder Hinabsteigen gibt es auch eine hoffnungsvolle Perspektive. Menschen können darauf vertrauen, dass sie – oft unmerklich – wie von guten Händen begleitet, getragen werden. Nicht an Tiefen, nicht an Abstiegen vorbei, sondern durch sie hindurch werden sie wieder „aufsteigen". Und gewiss sehr dankbar werden sie dann auch jene glücklichen, hellen, sonnenhaften Augenblicke genießen, die die Kraft geben, die täglichen „Abstiege" mutig auf sich zu nehmen.

Freund und Feind

In der Wirklichkeit des Lebens gibt es immer wieder Gegensätze oder auch gegensätzliche Pole, die in Spannung aufeinander bezogen sind. Einheit oder Harmonie können sich immer wieder einmal ergeben, sind aber kein Dauerzustand. Mit dem Gegensatzpaar „Freund und Feind" wird es sich ähnlich verhalten. Mögen wir noch so sehr danach streben, am besten nur Freundinnen oder Freunde um uns zu scharen, das Leben wird bald dafür sorgen, dass auch „Feinde" ihre Chance bekommen.

Für mich ist es wie ein **kleiner Schlüssel,** von Anfang an damit zu rechnen, dass wir es niemals allen recht machen können, dass der einen oder dem anderen unsere „Nase nicht passt", dass wir bisweilen jemandem „auf den Wecker gehen" oder „auf den Schlips treten" und somit jederzeit zum Angriffs- oder Projektionspunkt werden können. Rechnet man mit „Feinden", geht davon aus, dass versteckte oder offene Attacken von anderen uns treffen und auch wir selber in manchen Situationen uns feindlich verhalten können, schätzt man umso mehr die Freuden einer Freundschaft, bei der zunächst wechselseitig von einem erprobten Wohlwollen ausgegangen werden kann. Wer aber immer Einigkeit und Harmonie sucht, kann unversehens auf einen einseitigen Weg geraten, der von vornherein viele Menschen, die ganz anders „gepolt" sind, ausschließt.

Also doch lieber Freund *und* Feind!? - *„Ein Freund, ein guter Freund, das ist das Beste, was es gibt auf der Welt. Ein Freund bleibt immer Freund, auch wenn die ganze Welt zusammenfällt."*

Wer möchte bei diesem Lied – am liebsten in der Version der *Comedian Harmonists* - nicht mit einstimmen? Es muss ja vielleicht nicht „das Beste auf der Welt" oder, wie es im Lied später heißt, *„der größte Schatz"* sein, der alle Enttäuschungen im Leben wett macht, aber ein Glück ist die Freundschaft allemal. Sie ermöglicht den Freunden oder Freundinnen, sich offen über alles auszutauschen, am Leben des anderen Anteil zu nehmen und für sich selber einen Menschen zu kennen, dem wir begründet vertrauen können. Im Wesen ist Freundschaft bestimmt durch ein wechselseitiges *„großes Wohlwollen füreinander"* (vgl. das Büchlein von *Wilhelm Schmid: Vom Glück der Freundschaft, S. 20)*

So schön und dauerhaft Freundschaften manchmal sind, sie können dennoch Anteil haben an der Zerbrechlichkeit menschlicher Beziehungen: Freundinnen, Freunde können das Interesse aneinander verlieren, geraten bisweilen unabsichtlich in gegensätzliche Positionen. Manchmal kommt es auch zu wechselseitigen Verletzungen. Dazu braucht es nicht viel: eine offenkundige Nicht-Beachtung, eine ausbleibende Resonanz, ein Übergehen des anderen, eine Achtlosigkeit, eine zu starke Konzentration auf sich selber mit entsprechender Vernachlässigung des anderen, und schon kann der einstige Freund zum Feind werden. Plötzlich entdecken wir auch unangenehme Seiten beim anderen, gehen auf Abstand und verhalten uns selber feindlich.

Auch Neid und Missgunst können sich in einer Freundschaft einnisten und breit machen. Waches Interesse am anderen und ein Sich-Mitfreuen über das Glück oder die Erfolge der Freunde sind keineswegs die Regel. Vor allem dann nicht, wenn es bei einem selber gerade mal nicht so glücklich oder erfolgreich läuft. Und so ist der Weg zu Feindseligkeit und Feindschaft nicht so weit. Mit Hingabe kann dann auch sie „gepflegt" und vertieft werden. Bewusst oder unbewusst geht es dann darum, dem anderen das Leben schwer zu machen - letztlich aber damit auch sich selber!

Wie können wir dann umgehen mit dieser Erfahrung der Feindschaft? Gäbe es etwa auch hierbei einige **kleine Schlüssel** zu entdecken?

Zunächst ist es, wie schon anfangs gesagt, ratsam, mit Feindschaft zu rechnen, bei anderen und auch bei sich selber. Nicht jede Gegnerschaft oder Feindschaft ist auch automatisch „vom Teufel". Manchmal braucht es heftige Auseinandersetzungen, um aufzuwachen aus dem Schlaf der Harmonie, um Probleme beherzt anzugehen, Unterschiede deutlich zu markieren, Strittiges offen anzusprechen und Schritte zu einer Klärung zu unternehmen.

Hilfreich kann auch ein Blick auf viele biblische Geschichten sein, in denen sich viele Feinde tummeln, beginnend beim tödlichen Zwist der Brüder Kain und Abel über die Feindseligkeiten der Brüder Josephs bis hin zu einer Feindschaft gegenüber Gott, die sich zeigen kann im „Vergessen" Gottes als des Grundes und Zieles allen Lebens oder in einem Sich Aufplustern des Egos, das „Türme" in den Himmel bauen muss, dabei aber den Nächsten aus dem Blick verliert.

Die Evangelien zeigen uns sogar Jesus nicht frei von aggressiven Zügen. So sagt Jesus nach dem Lukasevangelium: „Wer nicht mit mir ist, der ist gegen mich." (Luk. 11, 23) Und die Geschichte von der kanaanäischen oder syrophönizischen Frau, die Matthäus (Kap. 15, 21-28) und auch Lukas (Kap. 7, 24-30) berichten, zeigt uns zunächst verletzende Worte Jesu gegenüber dieser Frau (*Es ist nicht recht, dass man den Kindern ihr Brot nehme und werfe es vor die Hunde.", Matth.15,26),*bis es erst aufgrund der Beharrlichkeit der Frau (*„Ja, Herr, aber doch fressen die Hunde von den Brosamen, die vom Tisch ihrer Herren fallen"*) zu einer Wende, einem Umschwung im Denken und Verhalten Jesu *kommt* (*„Frau, dein Glaube ist groß. Dir geschehe, wie du willst!"*) - So verweist uns diese Geschichte darauf, hartnäckig am „Feind" dran zu bleiben, ihn geradezu zu bedrängen, bis auch in ihm sich ein Wandel vollziehen kann.

Weiter ist damit zu rechnen, dass wir schnell dazu neigen, eigene Spannungen und Feindseligkeiten bewusst-unbewusst auf andere zu „werfen" und sie dann dort bekämpfen, damit also anderen anlasten, was zunächst in uns selber wirksam ist. Es ist die bescheidene Erkenntnis, dass wir selber oft gar nicht so anders sind als unsere Feinde. Sich selber kennen zu lernen, mit sich selber in freundlichem Kontakt zu sein, ist ja die Voraussetzung dafür, selbst einem Feind wieder freundlich zu begegnen.

Den wichtigsten Hinweis oder Schlüssel verdanken wir Jesus:

„Liebt eure Feinde und bittet für die die euch verfolgen,
damit ihr Kinder seid eures Vaters im Himmel"
(Matthäus 5, 44-45).

C.G. Jung wies einmal darauf hin, dass es bei der Feindesliebe darauf ankomme, zuerst den Feind in uns selbst zu lieben, erst dann würden wir fähig, auch den Feind außerhalb von uns zu lieben. Wer es so vermag, sich in die Situation eines Feindes hineinzuversetzen, seine Motive zu sehen, zu verstehen, trotz aller Verletzungen mit Großmut auf Feinde zuzugehen, der kann der destruktiven Feindschaft den Wind aus den Segeln nehmen. Freilich braucht es dazu einen *„großen Glauben"*, einen solchen, wie ihn die syrophönizische Frau ihn zeigt und lebt (Matth. 15. V. 28).

„Teilzeitglückliche"

Manchmal reicht ein einziges Wort aus, um uns einen **kleinen Schlüssel** in die Hand zu geben. Ein solches auch für mich ganz neues Wort heißt: *„Teilzeitglückliche"*. Der von vielen wegen der Verständlichkeit seiner Texte und der Nähe zu den Menschen und ihren Fragen geschätzte Philosoph *Wilhelm Schmid* [31] schreibt:

„Die Glücksuchenden sind nur noch um ihr Glück besorgt. Es ist ja schön, wenn es auch mal Wohlgefühl und Zufriedenheit im Leben gibt, jede und jeder soll das genießen können. Aber das ist nicht ohne Unterlass möglich, bestenfalls gibt es Teilzeitglückliche, da auch das Glück zwischendurch immer wieder ausatmen muss. Die um Vollzeit Bemühten stehen in Gefahr, den Sinn für soziale, ökologische und politische Probleme zu verlieren. Sogar dann, wenn ihnen im Freundeskreis jemand begegnet, „der nicht gut drauf ist", bescheiden sie ihm gerne: „Du ziehst mich runter", ein Grund für eine Kontaktsperre, kein Gedanke daran, dass sie selbst übermorgen des Zuspruchs bedürftig sein könnten."

Sigmund Freud sagte es noch nüchterner: *„Man möchte sagen, die Absicht, dass der Mensch «glücklich» sei, ist im Plan der »Schöpfung« nicht enthalten. Was man im strengsten Sinn Glück heißt, entspringt der eher plötzlichen Befriedigung hoch aufgestauter Bedürfnisse und ist seiner Natur nach nur als episodisches Phänomen möglich."*

Solch nüchterne Worte über das Glück empfinde ich geradezu als eine Wohltat. Sie holen uns heraus aus einer übergroßen Glückserwartung und der allgemeinen Jagd nach dem Glück. Glück, was auch immer jeder dabei erleben oder darunter verstehen mag, ist ja ok. Aber es ist eben auch nicht alles, es ist wohl nicht einmal das Wichtigste im Leben, wie *Wilhelm Schmid* es sagt. Im Grunde wissen wir ja alle durch die vielen Wechselfälle im Leben bei uns und bei anderen, dass Glück und Unglück sich oft abwechseln können, dass ein Unglücklichsein oder Sichunglücklichfühlen sich nie ganz ausklammern lassen und dass die oft so isolierte Frage nach dem Glück der Einbettung in die größere Weite der Frage nach dem Sinn bedarf. [32]

Gerade wenn wir eine zu hohe Anspruchshaltung gegenüber dem Glück aufgeben, müssen wir doch keine Glücksverächter sein. Denn – so sagte es schon der griechische Philosoph *Aristoteles: „Alle Menschen wollen glücklich sein."* - Jede, jeder kann nur ganz persönlich sagen, was für sie oder ihn ein *„Glück"* ist: - manchmal braucht es dazu nur einen Cappuccino mit einem Stück Käsekuchen am Nachmittag; manchmal ist es der freundliche, aufmunternde Blick oder Satz einer Nachbarin in der Straßenbahn; die so erfreuliche Nachricht einer „glücklich" verlaufenen Prüfung bei den Kindern; oder das gute Ergebnis einer zunächst unsicheren Diagnose bei der ärztlichen Untersuchung; oder: das für eine wichtige Bewerbung dringend benötigte Original der Examens- und Ernennungsurkunde ist nach Tagen verzweifelter Suche doch noch „glücklich" wiedergefunden worden; das mit Geld und allen wichtigen Ausweisen schon verloren geglaubte Portemonnaie ist im letzten Moment „glücklich" wieder aufgetaucht.

Jeder von uns, sofern er nur in der Lage und willens ist, das „halb volle Glas" der Glückserfahrungen in seinem Leben zu sehen und zu würdigen, könnte wohl viele Beispiele dafür nennen, wo das Glück ihm „hold" gewesen ist. Und jede mag aus ihren Lebenserfahrungen heraus auch zu Erkenntnissen darüber kommen, was denn nun für sie dem Glück eher förderlich oder hinderlich sei. Allerdings immer unter der Voraussetzung, dass die Vorstellung eines ständig machbaren oder erreichbaren Glücks uns am sichersten ins Unglück einer stets neuen Enttäuschung führen wird. Eingedenk einer solch eher bescheidenen *Balance* von

Glücks- *und* Unglückserfahrungen kann man dann durchaus einzelne wunderbare Erkenntnisse über das Glück finden, wie z.B, zwei kleine Worte *von Hermann Hesse: „So im Augenblicksblinken, so im Vorübergehen sah ich das Glück mir winken." - „Glück ist Liebe, nichts anderes. Wer lieben kann, ist glücklich."*

Ein ganz wunderbares „Lehrstück" über das Glück ist für mich das *Märchen von „Hans im Glück"* ³:

Wie wenig macht sich Hans aus dem Stück Gold, das ihm sein Herr zum Abschluss seiner Dienstjahre geschenkt hat. Des Tragens bald überdrüssig tauchen nun allerlei Glückswünsche leibhaftig vor ihm auf und er tauscht zunächst das Gold gegen ein Pferd mit dem Ergebnis: „Hans war seelenfroh, als er auf dem Pferde saß und so frank und frei dahin ritt." Wir kennen die Geschichte: der Tausch geht munter weiter, es folgen die Kuh, das Schwein, die schöne weiße Gans und zuletzt der Wetzstein. „Hans lud den Stein auf und ging mit vergnügtem Herzen weiter; seine Augen leuchteten vor Freude, »ich muss in einer Glückshaut geboren sein«, rief er aus, »alles, was ich wünsche trifft mir ein, wie einem Sonntagskind.« Als er zuletzt den Stein am Brunnen ins Wasser versinken sieht, „sprang er vor Freude auf, kniete dann nieder und dankte Gott mit Tränen in den Augen, dass er ihm auch diese Gnade noch erwiesen und ihn von dem schweren Steinen befreit hätte…" „So glücklich wie ich gibt es keinen Menschen unter der Sonne."

Nach gewöhnlichen Maßstäben erlebt Hans geradezu einen *„Abstieg"* - immer mehr nach unten gleitend. Aber dank seines vergnügten Sinnes bleibt er immer wendig und findet seine vertauschten Dinge umso erfreulicher, je geringfügiger sie werden. Gerade an diesem Geringfügigen entzündet sich seine Freude und sein Glück! Sein helles, frohes Herz ist und bleibt sein echter Gewinn, den ihm keiner mehr abluchsen kann. - Wie ein **kleiner Schlüssel** ist es eben, alternativ auf ganz andere Vorstellungen vom Glück zu achten. So heißt es etwa im letzten Vers des 73. *Psalms:*

„Gott nahe zu sein ist mein Glück. (Psalm 73, 28)

Wie ein *Mantra*, wie ein ganz besonderes Wort oder Satz kann uns ein solches Wort begleiten und uns eine heilsame Distanz zu unseren eigenen Glückswünschen verschaffen.

In den sogen. *Seligpreisungen* am Anfang der *Bergpredigt* im *Matthäusevangelium (Kap. 5)* steht das griechische Wort *„makaroi"*, meist mit *„selig"* übersetzt: z.B.: *„Selig, die arm in sich selber sind: Ihnen gehört das Himmelreich"* oder: *„Selig die Gewaltlosen, sie werden das Land erben."* Heute wird *„makaroi"* oft mit *„glücklich"* übersetzt. Dann fällt umso mehr auf, wie die Seligpreisungen *„all die Formen menschlicher Erniedrigung aufgreifen und durchgehen - all das, wovor wir uns für gewöhnlich fürchten und was wir nach Kräften zu vermeiden trachten."* [34] Also gerade nicht das, was wir normaler Weise *„glücklich"* nennen, wird hier mit Glück verbunden, sondern glücklich sind *„die aus Geist Armen, die Trauernden, die Wehrlosen, die hungernd und dürstend sind nach richtigem Leben vor Gott."*

Jesus dreht hier die geläufigen Maßstäbe um und sagt: die Einfachen, die arm in sich selber sind, die Trauernden, die Gewaltlosen etc., sie erfahren etwas vom wahren *„Glück"*, vom *„Schatz im Acker"* von der *„Perle"* und sind darin selig, glücklich zu preisen. Für uns ist eine solche alternative Sicht eine Anfrage und Herausforderung, die normale Jagd nach dem Glück zu unterbrechen, mal stehen zu bleiben und neu nach dem zu fragen, was uns wirklich zum Glück verhilft. Die Erfahrung, dabei nicht ganz am Nullpunkt in der Glücksskala zu stehen, auch als *„Teilzeitglückliche"* ein gutes, sinnvolles und eben *teilweise* glückliches Leben erleben und gestalten zu können, befreit uns von der großen Last, ein *„Dauer - oder Vollzeit-Glück"* anzustreben.

Was macht Sinn?

Bei der Frage nach einem dem Menschen möglichen Glück deutete ich an, dass Glück allein wohl nicht alles sein kann, nicht alle weiteren Fragen einfach erübrigt. Im Gegenteil, wir fragen noch weiter nach dem Sinn. Diese Frage gehört zu einem menschlichen Leben, das sich mit schnellen, oberflächlichen Antworten nicht zufrieden gibt. Allerdings ist es ein so großes Thema, dass ich mich ihm lieber mit der etwas praktischeren Frage annähern möchte: Was macht Sinn?

Dabei gehe ich von vornherein davon aus, dass es mit dem Sinn „ein weites Feld" ist und z.B. eine „unglückliche Liebe" neben aller verständlichen Enttäuschung keineswegs einfach ohne Sinn ist. Bei guten Erfahrungen, wenn etwas stimmig, ein Zusammenhang erkennbar ist, wir etwas begreifen, erkennen und einordnen können, sagen wir gern mal: das macht doch Sinn! Unendlich viele Zusammenhänge sind da denkbar, ebenso ist mit ganz vielen, sehr unterschiedlichen Antworten auf die Frage zu rechnen, was denn nun genauer den Sinn ausmache.

Möglich ist aber auch, dass jemand sehr lange Zeit kaum oder gar nicht bewusst nach dem Sinn dessen fragt, was er erlebt und tut. Manchmal kann das Leben einfach so dahin laufen oder wir richten es uns so ein, dass es scheinbar ganz gleichförmig bleibt, ohne größere Unsicherheiten, die nach einem Sinn fragen ließen. Einfach ungestört leben, manchmal einfach nur funktionieren: wem das nicht zu wenig ist, der sagt vielleicht: das ist doch ok, ist doch perfekt! Eine solche Einstellung kann sich lange Zeit durchhalten. Problematisch wird es meistens dann, wenn einmal nicht mehr zur Verfügung steht, was bisher ganz selbstverständlich war: z.B. eine geregelte Arbeit und eine finanzielle Sicherheit, Gesundheit, gelingende Beziehungen etc. Krisen vielfältigster Art können jeden treffen und zu ihnen gehört dann auch oft die Frage nach dem Sinn dessen, was wir erleben und erleiden.

Ein erster **kleiner Schlüssel** kann es hier sein, diese Frage nach dem Sinn auch bewusst zu stellen. Schon dass wir überhaupt fragen und uns nicht einfach nur zufrieden geben oder gleich resignieren, ist sinnvoll. Denn mit dieser Frage begegnen wir dem Leben so wie es wirklich ist: voller Spannungen und Gegensätze, mit großen Unterschieden und immer auch mit zeitweiligen Erfahrungen von Sinnlosigkeit, Wider-Sinn oder Un-Sinn. Die Wahrnehmung und Annahme dieser Realität kann uns dann umso mehr motivieren, nach dem zu fragen, was wirklich Sinn macht.

Natürlich kann jede, jeder diese Frage nur ganz persönlich für sich beantworten. Diese Antworten werden somit immer auch sehr unterschiedlich ausfallen. So möchte ich denn jetzt einmal ganz persönlich antworten auf die Frage: Was macht für mich Sinn?

An erster Stelle steht für mich die *Dankbarkeit*. Sie ist für mich der Grund allen Sinns. Das Leben wurde mir geschenkt. Ich durfte nun schon 45 Jahre länger leben als meine so früh mit nur 26 Jahren tödlich verunglückte Schwester. Da ist jedes Jahr, jeder Tag für mich ein ganz unverdientes Geschenk. Dieses mir geschenkte Leben ist einfach schon fast alles. Es kann Höhen und Tiefen haben. Nicht alles muss mich ständig nur erfreuen. Aber dennoch bin ich dankbar für dieses schöne und spannende Leben.

Sinn macht für mich sodann, *Leben weiter zu geben*, das Leben mit anderen zu teilen in Beziehungen, in Gemeinschaften, die auch nicht alle immer nur glücklich sein müssen. Auseinandersetzungen und Enttäuschungen gehören mit dazu. Doch dauernd nur für mich zu leben, nur mich allein vorwiegend im Blick zu haben, nur an mein eigenes Wohlergehen, an meinen Vorteil zu denken, das macht für mich keinen Sinn. Der Zusammenhalt, der Zusammenhang, auch die Zusammenarbeit mit anderen zu erleben und zu gestalten – mit dem Partner oder der Partnerin, mit Kindern, mit Freunden, Kollegen – das ist ein Sinn, der bleibt. Es macht ausgesprochen Sinn, auch für andere da zu sein, an sie zu denken, für sie zu sorgen, sich um sie zu kümmern, ihnen beizustehen, nach ihnen zu fragen, Zeit für sie zu haben, auch hier und da für sie etwas zu tun.

Und ebenso macht es Sinn, auch *mal an sich selber zu denken*, sich selber auch als bedürftigen Menschen wahrzunehmen, zu beachten. Auf den eigenen Körper und seine Bedürfnisse ebenso wie auf die sehr unterschiedlichen Gefühle zu achten, besonders auch die scheinbar „minderwertigen" Gefühle zu beachten und sich mit ihnen auseinanderzusetzen, das macht Sinn. Sich dabei selber auch als Werdender, als Lernender zu sehen, aus dem Kreislauf des immer nur Gleichen, immer schon Gekannten auszubrechen und neue Möglichkeiten zu entdecken, ist für mich sinnvoll. Es macht Sinn, meinen eigenen Weg zu suchen und zu finden, ihn über Umwege oder Irrwege gespannt im Auge zu behalten. Das Eigen-Sein, die eigene Stimme, die Individualität ist ein sinnvolles Ziel.

Ein sinnvolles Ziel ist es auch, *über uns selbst hinaus zu fragen*: Wo kommen wir her? Wem verdanken wir uns? Wo gehen wir hin? Was, wer trägt uns, worin haben wir Halt? Wo sind wir letztlich daheim, zu Hause? Gerade angesichts der eigenen Vergänglichkeit und Sterblichkeit so zu fragen und nach Antworten zu suchen, macht für mich Sinn. Dabei schaue ich gern auch über den „eigenen Tellerrand" hinaus.

An zwei Stellen möchte ich auch deutlicher sagen, was für mich *keinen* Sinn macht:

Einmal ein Sich-Ausstaffieren mit immer mehr materiellen Gütern und Luxus nur für sich selbst. Der Philosoph *Wilhelm Schmid sagt es* so: „*Vergeblich ist hingegen der Versuch, das Vakuum an Sinn mit materiellen Gütern zu füllen. Wer es dennoch versucht, verdient*

Mitleid mehr als Neid. Knappe Güter erscheinen wertvoll, zu viele aber wertlos, ihr besitz sinnlos. Geld und Besitz mögen bis zu einem bestimmten Punkt produktiv sein. Darüber hinaus werden sie kontraproduktiv, da sie nicht mehr entlasten, sondern belasten." [35]

Zum anderen: Ein *unkritisches, hemmungsloses Machtstreben* einzelner oder ganzer Gruppen erscheint mir zumeist wie eine Kompensation für einmal erfahrene Verletzungen und Frustrationen, für erlebte Kleinheit oder Durchschnittlichkeit. Angemaßte, erzwungene Größe schafft meist viel Leid bei anderen und macht folglich keinerlei Sinn. Sie wird zu einer lebensfeindlichen Haltung und Praxis, die leider nicht nur im Leben der Völker, sondern bis in Betriebe, Arbeitsverhältnisse, ja in Beziehungen und Familien hinein wirkt. Es macht aber umgekehrt Sinn, solche unheilvollen Zusammenhänge zu erkennen, zu benennen und dagegen anzugehen.

Neben die vielen kleinen und größeren Sinnhaftigkeiten oder Sinn-Spuren im eigenen und gemeinsamen Leben – für mich sind sie schon wie **kleine Schlüssel –** möchte ich schließlich noch *die Grund-Erlaubnis und Grund-Fähigkeit zur Kritik* stellen. Ohne eine kritische Sicht auf uns selbst und auf andere kann es schnell „zappenduster" werden. Wieviel Sinn macht es z.B., wenn Kinder sich trauen, ihre Eltern zu kritisieren. Sie finden dabei ja auch zu sich selbst. Auch wenn es dabei nicht immer „zimperlich" zugeht, das Vertrauen bei einer offenen Auseinandersetzung kann eher größer werden. Mal zurücktreten, sich mit Abstand betrachten, die Meinung, die kritische Sicht anderer erfragen, mit eigenen Fehlern, eigenem Scheitern in Berührung kommen, dabei muss keinem „ein Zacken aus der Krone brechen".

Etwas Schweres : Leichtigkeit

Neben dem Kärtchen mit dem Satz vom „kleinen Schlüssel" steht bei mir seit geraumer Zeit noch eine andere Karte. Darauf ist ein Schmetterling zu sehen und dazu ein kurzer Wunsch: *„Ich wünsche etwas Schweres: Leichtigkeit."* *Leichtigkeit* ganz leuchtend hell geschrieben. Auch in diesem Falle hat mich ein anderer auf dieses Stichwort aufmerksam gemacht. Und auf mehr Leichtigkeit zu achten, ist mit seitdem zu einer Herausforderung geworden.

Ich glaube auch, dass eigentlich jeder von uns diese andere Seite, *das Leichte*, kennt und sie oft nur darauf wartet, angestoßen zu werden und zur Entfaltung zu kommen. Das Schwere, die Lasten, die Belastungen, die „Päckchen", die wir zu tragen bekommen und die wir uns auch selbst aufladen, sind ja nicht einfach aus der Welt zu schaffen. Doch schon indem wir uns von unseren Lasten erzählen, sie uns mitteilen, kann sich etwas von der bedrückenden Schwere lösen. Es ist also wieder der *Schlüssel* der Begegnung, des Gesprächs, der die „schwere Tür" in Bewegung bringt.

Besonders hilfreich auf dem Wege zu mehr Leichtigkeit ist es auch, wenn wir uns die Tür zu einer Gabe offen halten, die als oft verborgener Schatz in uns schon bereitliegt, *die Gabe des Humors*. Es überrascht mich immer wieder, dass selbst in sehr schwierigen Situationen und Gesprächen oft eine Wende zu mehr Leichtigkeit und Humor möglich wird.

Da klagt eine Frau erbittert über das Unverständnis ihrer Angehörigen und Kollegen, auch darüber, dass sie keiner richtig anerkenne und möge. Zunächst ganz konzentriert auf diese Klage bemerke ich, dass die Frau offenbar vor kurzem beim Frisör war, sehr geschmackvoll gekleidet ist und überhaupt alles andere als einen unangenehmen Eindruck macht. Ich sage ihr das auch und nach einem kurzen Erstaunen hellt sich ihr Gesicht auf. Beide atmen wir auf und können auf das Erzählte nun auch mit einem gewissen Schmunzeln blicken. Bewegung und damit auch ein Stück Leichtigkeit ist ins Gespräch gekommen.

Humor als „*trotzdem*" Schmunzeln oder Lachen hat ja damit zu tun, dass wir aus der Sackgasse eines Entweder-Oder (z.B. entweder ganz beliebt und verstanden *oder* ganz gemieden und abgelehnt) wieder herauskommen und *das rechte Maß für uns selbst wieder finden*. Sich selber auf die Schliche zu kommen, die eigenen Unvollkommenheiten zu sehen und trotzdem daran zu glauben, auch als unvollkommener Mensch recht zu sein, das ist die Gabe des Humors, der zum Schönsten gehört, was Menschen möglich ist. Wenn die Tür zum Humor geöffnet, der Kontakt zur Leichtigkeit wiederhergestellt werden kann, wenn wir diese Gabe wieder bewusst einsetzen können, ist es auch möglich, diese Begabung zu fördern, ihr mehr Chancen im Alltag einzuräumen. Das kann geschehen z.B. indem wir die *Kreativität* und das *Spiel* wieder entdecken und leben.

Vor langen Jahren habe ich bei mir die Gabe des Schauspielens mehr durch Zufall entdeckt. Bei einem großen Freilichtspiel über Landgraf Philipp von Hessen wurden viele Darsteller gesucht. Ich ließ mich überreden und fing Feuer. Viele schöne Rollen kamen hinzu: vom Landgrafen über Bischof Bonifatius, den Landstreicher Oskar in „Rasmus und der Landstreicher", Prof. Traugott Hermann Nägler im „Haus von Montevideo", Glatzen-Per in „Ronja Räubertochter", den bösen Förster in der „Kleinen Hexe" bis hin zu Monsieur Argan, dem „Eingebildeten Kranken" von Molière. Die Gemeinschaft in einer großen Spielerschar von Jung und Alt ist sehr belebend und hilft, manche unvermeidliche Schwere mit Leichtigkeit auszugleichen.

So verdanke ich etwa dem Landstreicher *„Paradies-Oskar"* oder *auch „Gottes Zaunkönig"* das charmante Bekenntnis: *„Ja, wenn es* *sich um Arbeit handelt, dann bin ich auch mit wenig zufrieden.“* Fanatischen *„Workaholikern“* (Arbeitssüchtigen) wünschte ich manchmal nur eine ganz kleine Portion von dieser Einstellung. Als gestrenger Professor Nägler musste ich zu der erschütternden Selbsterkenntnis kommen: *„Mutter, ich bin ein Schwein“!* Und als Monsieur Argan verstieg ich mich zu der grandiosen Befürchtung: *„In vier Tagen bin ich unheilbar tot“.* Neun Jahre habe ich die eigene Prophezeiung nun schon glücklich überlebt!

Erstaunt sehe ich immer wieder, wie viele *Begabungen, kreative Möglichkeiten* in Menschen stecken, selbst bei momentaner Belastung. Ein schwer psychisch Erkrankter findet nach einiger Zeit zurück zur Gabe des Orgelspielens, schreibt eigene Gedichte und gestaltet sehr schöne kleine Fische (christliches Symbol), die er aus Dankbarkeit Menschen schenkt, zu denen er neue, hilfreiche Kontakte knüpfen konnte.

Die Möglichkeit, sich selbst mit *Malerei* oder anderen künstlerischen Gestaltungen auszudrücken, ist ja bekannt. Mit *musikalischen Mitteln,* etwa mit Trommeln oder anderen Instrumenten, ist es möglich, mehr spielerisch Gefühle, die eigene Situation zum Ausdruck zu bringen. Nicht so sehr die Leistung zählt dabei, sondern die wieder entdeckte Kreativität, der spielerische Umgang, die Freude, auch im ganz Kleinen wieder etwas getan und gestaltet zu haben, womit ich mir selber und anderen eine Freude bereiten kann.

Auch die Möglichkeiten, sich körperlich zu *bewegen,* helfen dabei, wieder mehr Leichtigkeit, Beweglichkeit zu finden. Angefangen vom Spazierengehen bis hin zu sportlichen Aktivitäten gibt es da – je nach Geschmack – viele Möglichkeiten. Ich kenne viele, die laufen sich manchen Ärger oder Kummer, manche Schwere regelrecht von der Seele.

Selbstverständlich trägt auch die Gabe der *„Muße“,* freie Zeit zu genießen und einmal fast nichts zu tun, dazu bei, allzu Schweres wieder leichter werden zu lassen. Einfach nur auf einer Bank zu sitzen, die Landschaft, den Himmel zu beobachten, den eigenen Körper zu spüren, zu atmen, einfach nur da zu sein, die Gedanken wie Wolken vorüberziehen zu lassen, das bildet ein notwendiges Gegengewicht, bringt uns wieder mehr ins Gleichgewicht.

Ein **kleiner Schlüssel** wäre es also, *diese Seite, die Leichtigkeit, das Spiel, die Kreativität, die Bewegung, die Muße zu beachten.* Sich auch einmal verlocken, herauslocken zu lassen aus dem engen Schneckenhaus, Neues in sich, an sich zu entdecken, es weiter zu verfolgen und vielleicht dabei zu bemerken, wie es einem wieder leichter ums Herz werden kann.

Krankheit als Schlüssel?

Wem ist der Satz, der Wunsch nicht vertraut: „Vor allem wünsche ich Dir Gesundheit, das ist doch das Wichtigste"? So wichtig Gesundheit auch wirklich ist, so gewiss man auch selber etwas zur eigenen Gesundheit beitragen kann, eine Garantie auf Gesundheit, auf dieses so sensible Gleichgewicht der Kräfte in uns, hat keiner. Angreifbar oder labil kann unser gesundheitliches Befinden zu jeder Zeit werden. Ins Konzept passt diese nüchterne Wahrheit vielen nicht. Wo doch heute vor allem zählt, was einer leistet und vorweisen kann. Fit zu sein und zu bleiben, mithalten zu können, darauf kommt es an.

Was der Kabarettist *Dieter Hildebrandt* mal vom Älterwerden sagte, ließe sich auch gut in Bezug auf die Krankheit sagen: sie sei heute *„an und für sich noch erlaubt, nur man sieht's halt nicht gern."* Tatkräftig, schwungvoll und erfolgreich, so glauben viele, hat man durchs Leben zu gehen. Alles andere ist doch eher eine lästige Störung, wird als „Störenfried" empfunden, der entschieden bekämpft werden muss.

Nur dass das wahre Leben oft ganz andere Geschichten schreibt! Wir bekommen durchaus sehr schöne, bisweilen aber auch recht belastende Päckchen mit auf unsere Wege. Schwierige Schicksale, Mangelerfahrungen, Fehlentwicklungen und manch andere „Störungen" können dazukommen. Beziehungen entwickeln sich auch keineswegs immer optimal. Und Krankheiten bleiben eben auch nicht aus. Die heute verstärkt gestellte Frage nach der Schuld, nach den Ursachen hilft ebenso nicht immer weiter. Mit mancher Belastung oder Krankheit werden wir lernen leben, umgehen zu müssen.

Dieser Umgang sollte freilich nicht so aussehen, dass wir glauben, aus einer Krankheit unverzüglich etwas Positives machen zu müssen. Wenn auch die Frage nach einem Sinn dessen, was wir erleben und erleiden unabweisbar ist, so geht doch eine allzu schnelle Wendung zum Positiven oft über die Köpfe und Herzen der Menschen hinweg.

Manche sprechen etwa sehr schnell von einer „Prüfung", die sie zu bestehen, in der sie sich zu bewähren hätten. Für einen selber mag eine solche Deutung hilfreich sein. Gefährlich aber kann es werden, solche Deutungen anderen zu sagen. Die sind zumeist an einem ganz anderen Punkt, können es zunächst gar nicht fassen, dass ihnen so etwas wie eine Krankheit passiert und wünschen sich nichts mehr, als so schnell und nachhaltig wie möglich wieder davon befreit zu werden. Dennoch, ein vorsichtiger Umgang mit der *Frage nach dem Sinn* einer Krise oder Krankheit ist durchaus angebracht. Wie auch sonst wird dabei ein eher suchender, fragender, sehr persönlicher Ton in unseren Worten weiterhelfen.

Als sehr hilfreich empfinde ich die bekannten Worte des französischen Dichters *André Gide*.[36] Wenn ich sie lese und mit anderen bespreche, lösen sie Erstaunen und Erleichterung aus, dass man es auch so sehen kann:

„Ich glaube, dass die Krankheiten Schlüssel sind, die uns gewisse Tore öffnen können. Ich glaube, es gibt gewisse Tore, die einzig die Krankheit öffnen kann… Vielleicht verschließt uns die Krankheit einige Wahrheiten. Ebenso verschließt uns die Gesundheit andere oder führt uns davon weg, sodass wir uns nicht mehr darum kümmern. Ich habe unter denen, die sich einer unerschütterlichen Gesundheit erfreuen, noch keinen getroffen, der nicht nach irgendeiner Seite ein bisschen beschränkt gewesen wäre, wie solche, die nie gereist sind."

Krankheiten können **Schlüssel** *sein, die Tore zum Leben öffnen.* Wir sehen das Leben dann so wie es wirklich ist: voller Gegensätze und Gefahren, verwundbar, unvollkommen. Manche Illusionen, die wir uns von uns selber und vom Leben überhaupt machen, fallen in sich zusammen. Nicht alles kann einfach gleich positiv gesehen, gewendet werden. Die Krankheit zwingt uns manchmal, uns auch mit dem Schwierigen oder Negativen in unserem Leben auseinanderzusetzen, nicht mehr einfach wegzuschauen wie bisher. Vieles kann und muss neu gesehen werden. Was wirklich wichtig ist, wird deutlicher hervortreten. Zum Beispiel, wie wichtig Begegnungen, Beziehungen, Gespräche mit Menschen sind: etwa dass andere auf meine Unsicherheit und Angst, auf meine Klage, meinen Ärger, meine Fragen, meine Rebellion eingehen, sie annehmen, gelten lassen und ich sein darf, der oder die ich bin.

Auf diese Weise kann eine Krankheit mich darauf hinweisen: viele Krisen, Einbrüche, Wunden tragen oft eine verborgene und doch spürbare Aufforderung zu Umstellungen und Veränderungen im eigenen Leben und in den Beziehungen in sich. Vielleicht lernen wir, die Krise anzunehmen, durch Ungewissheiten und Schmerzen hindurch zu gehen, langsam neue Schritte zu wagen und dabei auch zu lernen, dass ruhigere, entspanntere Zeiten genauso einen Platz in unserem Leben bekommen sollen und müssen wie Herausforderungen und anstrengende Arbeit.

Unabweisbar werden bei einer Krankheit *grundlegende Fragen*: Wer hält wirklich zu mir? Wer oder was gibt mir Halt mitten in aller Unsicherheit und Angst? Woher kommt mir die Hoffnung, dass mein Leben trotz allem gehalten, geborgen ist, berührt, umfangen von einem Sinn und einer Liebe, die auch mich meint? Das mag dann schon wie eine *„Reise"* sein, *eine Reise mehr ins Innere,* mit vielen neuen Erfahrungen und Erkenntnissen. Von denen werden wir vielleicht auch anderen erzählen, von den Entdeckungen auf einer Reise, die unseren Horizont erweitert und uns viel Neues haben sehen, lernen lassen.

„Im finstern Tal"

„Und ob ich schon wanderte im finstern Tal…" – diese bekannten *Worte des 23. Psalms* sprechen uns auch heute noch oft ganz unmittelbar an. Es kommt nicht selten vor, dass jemand gerade diese Worte wie von selbst mitspricht oder auch sich einfach davon berührt, angesprochen fühlt. Wie viele Menschen kennen es insgeheim oft nur zu gut: ein oder besser gesagt *ihr* finsteres Tal.

Sehr unterschiedlich kann es aussehen. Es kann die Unsicherheit, ja der Schock sein bei oder nach einem Verlust. Der Verlust eines Menschen, der Verlust der Arbeit, der Verlust der körperlichen oder seelischen Gesundheit mit all den offenen Fragen, die keineswegs immer gleich eine schnelle Antwort erlauben. Oder der Zusammenbruch eines bisher mühsam aufrecht erhaltenen Lebenskonzeptes, dessen Brüchigkeit sich in einer tiefen Lebenskrise äußert. Wem vorwiegend oder gar nur die Arbeit Sinn und Halt gibt, was ist dann, wenn dieses „Lebensmittel" einmal ausfällt? Wer lange Zeit mit Suchtmitteln schlecht und recht gelebt hat und eines Tages doch damit unweigerlich in einer Sackgasse landet, wo es keine Ausflucht mehr gibt vor der eigenen Wahrheit, der ist an einen Punkt gelangt, den er oder sie vielleicht nicht mit den biblischen Worten des finsteren Tales benennen würde. Aber treffen kann das Bild doch.

Sicherlich trifft es auch jenes finstere Tal, das wir mit dem Wort *„Depression"* umschreiben, eine oft tiefe Gemütsverstimmung Lebenshorizont völlig verdunkeln kann. Wo jeder helle, glückliche Augenblick, jede Freude verloren gegangen ist. Wo auch alle noch so gut gemeinten Aufmunterungen und Sprüchen sich zusammenfallen, weil sie im Grunde meist nur dem finsteren Tal aus dem Wege gehen wollen. Doch auch die, die sich ehrlich bemühen, das finstere Tal einer Depression zu verstehen, geraten damit schnell an ihre Grenzen. Von einer Depression Betroffene weisen zu Recht darauf hin, dass Außenstehende, Nichtbetroffene diesen Zustand nicht wirklich nachvoll-ziehen, verstehen können.

Dennoch, der Psalm spricht auch *eine Wende* zum Besseren an. Er spricht von Hilfe und Trost:

„Und ob ich schon wanderte im finsteren Tal, fürchte ich kein Unglück; denn du bist bei mir, dein Stecken und Stab trösten mich." (Ps. 23,4)

Was in diesen Worten verdichtet, kurz zusammengefasst ist, ist in Wahrheit *oft ein längerer Prozess.* Bis die Unsicherheit einer neuen Standfestigkeit weicht, bis die Angst, die Enge, die Fesseln der Angst sich lösen, die Talsohle der eigenen ungeschminkten Wahrheit durchschritten ist, nicht nur die „Schuld" der anderen, sondern auch der eigene Beitrag zum Unglück gesehen werden kann, bis die Verdunkelung des Lebens langsam wieder schwindet mit dem Nahen eines neuen Lichtes, einer neuen Wärme und Weite - das alles braucht oft viel Zeit. Es ist meist ein langer Weg, bis jemand wieder sagen kann: „Jetzt fürchte ich kein Unglück, ich fürchte mich nicht mehr vor anderen Menschen, nicht mehr vor meiner eigenen Wahrheit, nicht mehr vor mir selber, auch nicht mehr vor einer Instanz wie Gott." Denn der ist im „finstern Tal" doch eher wie ein guter Freund, *wie ein „guter Hirte"*, der den Verlorenen sucht, ihm nachgeht, mitgeht, dessen Stecken und Stab, dessen Worte begleiten und schützen, in Schutz nehmen.

Freilich, nahe, einfühlsame und geduldig dabeibleibende Menschen sind oft nötig, um auch die Nähe und Hilfe Gottes wieder spüren zu können. Damit die Ahnung wieder aufkommt, dass doch *ein Tisch gedeckt ist „im Angesicht meiner Feinde"*, die ja meist mehr innen als draußen sind. Wenn jemand mich zärtlich, verständnisvoll berührt (*„du salbest mein Haupt mit Öl"*), wird eher wieder glaubhaft, dass trotz aller Verfinsterungen letztlich gelten kann und wird:

„Gutes und Barmherzigkeit werden mir folgen mein Leben lang und ich werde bleiben im Hause des Herrn immerdar. (V. 6)

Ein **kleiner Schlüssel** kann es wohl sein, *diesen berühmten Psalm,* der das ganze Leben umspannt, wieder und wieder, *für sich allein oder auch mit anderen zusammen zu sprechen* und sich dabei auf den Weg eines wieder wachsenden Vertrauens mitnehmen, begleiten zu lassen.

Es wird wieder besser

Dass es nach einem Tief wieder bergauf gehen, es wieder besser werden kann, dass das Dunkel sich langsam lichtet, es ein Herauskommen aus dem tiefen Brunnen der *Depression* gibt, ist keine Vertröstung. Die Erfahrungen vieler Betroffener geben eindeutigen Anlass zu dieser positiven Aussicht. Zum Stichwort *Depression* gibt es ausgezeichnete, informative Bücher.[37] Dort kann man sich kundig machen über diese schon immer existierende, heute aber wohl zunehmende Krankheit in all ihren unterschiedlichen Facetten. Allerdings haben sich inzwischen die Möglichkeiten einer Behandlung und Besserung erweitert, und auf diese Möglichkeiten möchte ich vor allem hinweisen.

Fragen wir also: Wie wird es bei einer Depression wieder besser? Was trägt dazu bei?

Bestimmt zunächst ein langsames Zugestehen, Annehmen des „Tiefs", in das man geraten ist, und ein Anerkennen der eigenen Hilfsbedürftigkeit. Eine Depression konfrontiert uns mit der eigenen *Ohnmacht* und Hilflosigkeit. Alles, worauf wir bisher bauen konnten, scheint wegzubrechen, nicht mehr zu stimmen. Was bisher half, hilft nicht mehr. Die Depression verunsichert ungemein, lässt den Halt im Leben und das „Ich" kaum mehr spüren. Sich all dies einzugestehen, fällt vielen Menschen sehr schwer. Doch wer sich beharrlich der Einsicht versperrt, von dieser Krankheit betroffen zu sein und Hilfe, Begleitung und Behandlung zu benötigen, wird alles nur noch schlimmer machen. *„Je mehr wir die Depression verbergen, desto stärker verfolgt sie uns. Nur was aufgedeckt wird, kann erleuchtet und geheilt werden."* (A. Grün) [38] Ist der Widerstand einmal überwunden, gilt es, nach einer fachärztlichen, psychologischen und vielleicht auch seelsorgerlichen Begleitung Ausschau zu halten. Hilfreich sind dabei Tipps anderer und Erkundigungen bei anderen. Auch muss man es manchmal ausprobieren, ob die Ärztin oder der Therapeut zu einem passt. Die Behandlungen der Ärzte wie der psychologischen Therapeuten werden zumeist von den Kassen erstattet wie bei anderen Krankheiten auch. Je nach Art und Schwere der Depression steht eine medikamentöse oder eine mehr psychotherapeutische Behandlung im Vordergrund. Aber auch bei der Behandlung mit Antidepressiva, die heute meist gut vertragen werden, jedoch erst nach etwa zwei bis drei Wochen zur Wirkung kommen, ist zusätzlich eine Gesprächstherapie sehr wichtig. Oft kann die Behandlung ambulant erfolgen, in manchen Fällen ist zu Beginn auch ein Aufenthalt in einer Klinik angezeigt.

Nach dem Abklingen der Depression ist eine weitere therapeutische Begleitung angeraten. Mögliche neue Sichtweisen und Haltungen wollen gestärkt werden und eine kompetente, verstehende, annehmende Beratung tut sehr gut.

Hinweisen möchte ich auch darauf, dass in der schweren Zeit, in der man durch eine Depression hindurchgehen muss – an ihr vorbeigehen kann man nicht! - , eine angemessene Zeit der Krankschreibung nötig ist, die helfen kann, das jetzt ganz Andere, Ungekannte, durchzustehen, sich neu zu orientieren und wieder zu einer Balance zu finden.

Dazu wird auf jeden Fall gehören, die Depression nicht mehr „wegzuschicken", sondern mit ihr ins Gespräch zu kommen. *Wunnibald Müller* [39] berichtet, *C.G. Jung* habe die Depression mit einer „*Dame in Schwarz*" verglichen. Statt sie wegzuschicken, solle man sie besser zu Tisch bitten und sehen, was sie zu sagen habe. Ist ein solcher Vorschlag nicht eine ungeheure Zumutung? Möchte ich, wenn eine Depression mich betroffen hat, sie nicht schnell wieder loswerden? Medikamente und viele therapeutische Interventionen wollen uns doch dabei helfen. „*Sie müssen uns aber nicht davon abhalten, ein Ohr dafür zu haben, was uns die Dame in Schwarz zu sagen hat.*"

Die „*Dame in Schwarz*" könnte uns vielleicht sagen, dass wir einen Schmerz, eine Kränkung, eine Verletzung, einen Abschied, eine Trauer zu schnell übergangen, zu wenig beachtet und verdrängt haben. Oder dass wir es viel zu lange versäumt haben, für eine gute Balance von der Fürsorge für andere und der Selbst-Fürsorge zu sorgen; dass wir zu wenig unsere eigenen Stärken und Kräfte im Blick hatten etc.

Hilfreich sind Kontakte, Gespräche mit Menschen, denen wir uns vertrauensvoll zuwenden und die sich verständnisvoll auf uns einlassen können. Angehörige, Freunde und viele andere können es sein, die uns das Gefühl geben, im Tief der Depression nicht allein zu bleiben. Und auch wenn sie uns etwas zu sagen haben, können wir es bedenken und prüfen und müssen nicht jede andere, vielleicht auch mal unbequeme „Stimme" überhören oder „wegschicken".

Wem es liegt und wer es kann, sollte sich unbedingt an die frische Luft, in die Sonne begeben, spazieren gehen, laufen, Fahrrad fahren, wandern – allein oder noch besser mit anderen zusammen. Körperliche Bewegung bringt manches in Schwung und lenkt auch ab.

Wenn die Kraft langsam wieder spürbar wird und die Lebensgeister sich regen, ist es hilfreich, wieder etwas zu lesen und so auch auf diese Weise mit Menschen und ihren Schicksalen in Berührung zu kommen. Dadurch werden auch Seiten in uns anklingen, die wir vielleicht viel zu lange zurückgestellt haben.

Und auch die Musik kann mit helfen, die Erstarrung zu lösen. Dabei ist es wichtig, zunächst Musik zu hören, die eher der eigenen Stimmung entspricht. Darin können wir uns wiederfinden und angenommen fühlen. Erst danach macht es Sinn, beschwingtere, fröhlichere Musik zu hören.

Mit dem langsamen Zurückgehen der Depression werden viele Gefühle wieder fließen können. Trauer wie Freude können wieder empfunden werden. Auch die vitalen Kräfte wie Aggressionen und Sexualität bekommen wieder eine Chance. Angehörige wissen dann bisweilen nicht, wie ihnen geschieht, wenn der zuvor in der Depression wie Erstarrte sich nun mal wehrt, aggressiver wird, sich nicht mehr alles gefallen lässt, klar Ja und Nein sagt und sich auch vor einer Auseinandersetzung nicht scheut. Vielleicht kommt einem dann sogar die Idee: *„depressiv warst du mir lieber"*. Aber natürlich sollten die vitalen Impulse und die neue Unangepasstheit viel eher freudig begrüßt werden, sind sie doch ein deutliches Zeichen dafür, dass es wieder besser wird.

Auf einige weitere **kleine Schlüssel** möchte ich hinweisen. Zuerst: Niemand braucht sich wegen einer Depression schämen. Jede, jeden kann diese Krankheit treffen. Und die Zeit einer Depression durchzustehen ist mindestens so schwere Arbeit wie die, die wir sonst leisten.

Sodann ist zu bedenken: Zwischen Traurigkeit und Depression gibt es deutliche Unterschiede. Bei Trauer oder auch Melancholie können wir fühlen, empfinden, die Gefühle fließen lassen und uns schließlich auch wieder davon distanzieren. All dies ist im Zustand einer tiefen depressiven Verstimmung so nicht möglich. Sie ist ja vor allem gekennzeichnet durch eine weitgehende Erstarrung oder Vereisung der Gefühle. Während die Depression dringend einer Behandlung bedarf, finden wir aus Traurigkeit oder Melancholie oft gut wieder selbst heraus.

Zu beachten ist, dass bei einer Depression das Suizidrisiko erhöht ist. Vor allem dann, wenn der Ring der Erstarrung sich langsam löst, erste Anzeichen einer Besserung zu spüren sind und die Kräfte langsam wiederkehren, kann sich der Impuls zum Suizid verstärken. In dieser Zeit ist also besondere Achtsamkeit geboten!

Und schließlich: Der christliche Glaube wird erfahren und gelebt von Menschen, die auch in ihrem Glauben anfechtbar bleiben. Dieser ist keineswegs eine Insel der Glückseligen, auf die man sich unangefochten flüchten könnte. Dennoch gibt es viele wunderbare Worte aus der Bibel und auch aus Liedern. Worte, in die wir uns hineinfallen lassen können oder die uns wie ein „Schild" schützen, Geborgenheit und Halt vermitteln. Wer Zugang zu solchen Worten oder Liedern hat, kann auf einen großen Schatz zurückgreifen. Auch sie werden mit dazu beitragen, dass es wieder besser wird.

„Gekränkt werden *kann* krankmachen"[40]

Wirklich kein beliebiger Spruch, sondern ein sehr wichtiger Satz ist dies, fast schon *ein kleiner Schlüssel* zum Verständnis mancher gesundheitlicher Störungen oder Krankheiten und auch viel mehr in Betracht zu ziehen als wir es normaler Weise tun. Die Wahrheit dieses Satzes ist eigentlich jedem einsichtig: gekränkt zu werden, das geht gerade nicht spurlos an einem vorüber, lässt sich nicht schnell abhaken, sondern *kann* Spuren hinterlassen, nicht nur in der Seele, sondern auch bis in den Körper hinein. Das sensible Gleichgewicht von Körper und Seele, das wir „Gesundheit" nennen, *kann* durch Kränkungen gestört werden und so nicht nur vorübergehende seelische Verstimmungen, sondern auch körperliche Symptome und Krankheiten zur Folge haben. Trotz der Verständlichkeit solcher Zusammenhänge wird die Wahrheit des zitierten Satzes viel zu wenig beachtet, sowohl von denen, die willentlich oder unbeabsichtigt eine Kränkung verursachen als auch von denen, die mit einer Kränkung zurechtkommen müssen.

Dabei sind zunächst unzählige Möglichkeiten der Kränkung denkbar, beginnend schon bei einem kleinen Kind bis hin zu älteren Menschen, die ähnlich wie Kinder wegen ihrer größeren Gefährdung und Verletzbarkeit schneller eine Kränkung treffen kann. Einige der möglichen Kränkungen möchte ich nennen:

So kann ein Kind es als Kränkung erleben, nicht die oder der zu sein, die seine Eltern sich gewünscht haben. Ein Leben lang kann man diesem Wunschbild der Eltern nachlaufen und wird es doch nie erreichen. Die ganz unverwechselbare Besonderheit eines Menschen kann zunächst nur angenommen, akzeptiert und gefördert werden. Erst dann sind auch weitere Entwicklungen in Betracht zu ziehen.

Auch dass ein Geschwister einem anderen vorgezogen wird, kann schwere Kränkungen und in deren Folge auch zu manch bösen Taten führen. Ein spannendes Beispiel dafür finden wir schon in der biblischen Geschichte von Joseph und seinen Brüdern.

Wenn die Wirklichkeit von Gefühlen bei Kindern ebenso wie bei Erwachsenen übersehen wird, wenn vitale, tiefe Wünsche und Bedürfnisse anderer nicht gesehen, nicht beachtet werden, sie einfach als unwichtig oder gar störend übergangen werden, kann dies zu erheblichen Kränkungen führen, die sich dann oft in Lebensmustern festsetzen (z.B. in der Grund-Annahme: „ich bin nicht ok"), die gar nicht leicht wieder auflösbar sind.

Eine extrem fiese Art der Kränkung ist das in den Bereichen von Schule und Arbeit heute oft anzutreffende *„Mobbing"*. Da wird einem anderen gezielt etwas angehängt: er oder sie wird schlecht gemacht, schlecht geredet, um sie oder ihn ganz real zu vertreiben. Ist eine solche infame Strategie erst einmal auf den Weg gebracht, ist es sehr schwer, sich dagegen zu wehren, nicht nur wegen der zumeist völlig haltlosen Vorwürfe, sondern vor allem wegen der schweren Erschütterung und Lähmung, die eine solche Mobbing-Attacke zur Folge haben kann.

Wenn Aufmerksamkeiten, Zuwendungen anderer gar nicht mehr beachtet, sondern einfach als unwichtig oder gar die eigenen Kreise störend übergangen werden, wenn es keine Resonanz, keine Rückmeldung, etwa in Form eines kleinen Dankes, mehr gibt, kann dies auch als Kränkung erlebt werden: so unwichtig bin ich einem anderen, so störend für ihn, dass er meine Aufmerksamkeit oder Zuwendung nicht einmal beachtet. Hinzu kommt, dass früher einmal ganz selbstverständliche Formen des „Anstandes" heute von vielen nicht mehr wahrgenommen werden, was dazu führen kann, die eigenen Bedürfnisse stets wichtiger zu nehmen als die der anderen.

Behinderte oder auch ältere Menschen können es als Kränkung erleben, wenn sie nicht mehr gefragt, nicht mehr einbezogen werden in die Pläne und Unternehmungen anderer. Wenn sie keine Aufgabe mehr erkennen, bei der sie sich nach ihren Möglichkeiten mit einbringen, wenn sie keiner sinnvollen Tätigkeit mehr nachgehen können, ist die Gefahr groß, sich gekränkt zurückzuziehen. Dies wiederum kann die Anfälligkeit für Krankheiten eher verstärken.

Bei all diesen und vielen anderen Kränkungen ist zu beachten, dass sie zu Krankheiten führen *können*. Es ist also keine automatische Folge. Ob jemand sich wirklich gekränkt fühlt oder wie stark er die Kränkung empfindet, das hängt von vielen Faktoren ab. Aber dass es da Zusammenhänge zwischen Kränkung und Kranksein geben kann, steht nicht in Frage. Ein seelisch erlebter Schmerz, der unbeachtet bleibt, verschiebt sich schnell ins Körperliche. Körperliche Beschwerden verdecken dann den zugrunde liegenden seelischen Schmerz. *Kurt Singer* sagt: *„Der ins Körperliche verschobene Konflikt drückt aus, dass ein seelischer Konflikt vermieden wird. Er fordert die Person heraus, sich produktiv mit ihm auseinanderzusetzen."* [41]

Die Auseinandersetzung mit dem tiefer liegenden seelischen Konflikt ist ratsam, denn alles, was wir zu sehr nach innen genommen, runtergeschluckt, verborgen haben, *kann* zu krankhaften körperlichen Veränderungen führen. Zu diesem Prozess gibt es, wie *Singer* betont, Alternativen, produktivere Möglichkeiten, mit einer Kränkung, die wir nie ganz vermeiden können, umzugehen.

So kann es wie ein **kleiner Schlüssel** sein, einer Kränkung dadurch konstruktiv zu begegnen, dass wir aktiv werden und das Gespräch mit dem Verursacher der Kränkung suchen. Wir können offen sagen, was die Kränkung mit uns gemacht hat, und auch, was wir uns gewünscht hätte (etwa: *„Ich hätte mich gefreut, wenn…")* Der oder die andere kann das ruhig wissen, wir müssen nicht auf unserer Kränkung sitzen bleiben. Mit Menschen, die es gelernt haben, auch eigene Fehler zuzugeben, wird es dann leichter zu Verbesserungen kommen können und eine andauernde Kränkung kann vermieden werden. Die offene Aussprache bringt Bewegung in das Ganze, fest gefahrene Muster können sich lösen. - Als letzte Möglichkeit oder auch Schutz, wenn eine Klärung gar nicht gelingen will, ist natürlich auch mehr Distanz oder auch eine Trennung, bis hin zu völligem Kontaktabbruch möglich.

Für Menschen, die grundlegend in der Beziehung zu Gott Halt und Bestätigung suchen, ist es auch möglich, eine nicht zu bearbeitende Kränkung in ganz andere Hände zu legen und darauf zu vertrauen, auch so, mit einem nicht geklärten Konflikt, leben zu können. Auch die Hoffnung nicht aufzugeben, dass es einmal einen ganz anderen Impuls zu einer Auflösung geben kann.

Angst darf sein

Gern singe ich ab und zu mit anderen ein kleines *Lied*.[42] Es hat drei kurze Strophen und beginnt mit der zentralen biblischen Botschaft: *„Fürchte dich nicht...* - um dann direkt anzuschließen: *gefangen in deiner Angst, mit der du lebst.“* Zutreffender kann man den Gegensatz, die Spannung, in der wir leben, kaum benennen. Es ist die Spannung der beiden Seiten, der beiden Pole: Angst, Beengung, Gefangensein und Lähmung einerseits *und* Vertrauen, Loslassen, Befreiung, Weite und Hoffnung andererseits.

So sehr wir in glücklichen Augenblicken immer wieder einmal die wunderbare Erfahrung machen dürfen, sich nicht mehr fürchten zu müssen, bleibt vielen Menschen das andere Erleben - „gefangen in deiner Angst, mit der du lebst“ - sehr nahe. Es sind so viele Ängste, die Menschen bedrängen, manche ganz offensichtlich, andere eher mühsam zugedeckt und verdrängt. Oft sind es zunächst die Ängste des alltäglichen Lebens, die Sorgen um die Kinder und ihr Fortkommen, ihre Entwicklung; die Angst und Unsicherheit angesichts unseres eigenen Befindens; die Angst vor Versagen und dem Urteil anderer; die Angst vor Krankheit und Tod, vor Verlust, Trennung und Einsamkeit; die Angst vor schicksalhaften Ereignissen, die wir alle nicht ausschließen können.

Mit solchen und anderen Ängsten leben wir, wie unser Lied es sagt. Sie haben bisweilen auch die Macht, unser Leben einzuengen und andere Kräfte, die auch vorhanden sind, zu hemmen, zu blockieren. „Gefangen in deiner Angst“, ja, so erleben es wirklich viele.

Ein erster **kleiner Schlüssel** wäre es, diese unsere menschliche Situation anzunehmen, sich mit ihr auszusöhnen. An der Angst vorbei oder über sie hinweg zu gehen, das ist weder möglich noch sinnvoll. Im Gegenteil. Je mehr wir die Angst aus unserem Leben auszuklammern versuchen, je mehr wir sie zudecken mit Geschäftigkeit, mit pausenloser Ablenkung und Zerstreuung, mit dem Konsum aller möglichen „Mittel", umso mehr hat uns die Angst letztlich doch im Griff. Es geht um die Freiheit, Angst haben zu dürfen. Andernfalls „hat" uns die Angst. *Angst darf sein!* Sie gehört zum Leben dazu. Es tut gut, sich das selbst immer wieder zu sagen und sich sagen zu lassen. Auch Jesus war diese Angst nicht fremd. In der berühmten Szene im Garten Gethsemane heißt es von ihm: *„und er fing an zu zittern und zu zagen"*. (Markus 14.33) Und nach dem Johannesevangelium sagt Jesus: "In der Welt habt ihr Angst…" (Johannes 16.33)

Zu bedenken ist auch, dass die „normale" menschliche Angst durchaus ihren Sinn hat. Sie macht uns auf Gefahren aufmerksam. Und sie ist ganz natürlich verbunden mit Übergängen, neuen Schritten und Wegen, die zu gehen uns das Leben abverlangt. Angst ist auch ein Preis für die Freiheit, die wir haben. Nicht an der Angst vorbei, sondern *durch sie hindurch* erschließen sich uns neue Möglichkeiten. In einem von Grimms Märchen *wird sogar erzählt von einem, der auszieht, „das Fürchten zu lernen"*! Angst und Furcht zu kennen, zuzulassen, damit leben zu lernen, ist also eine wichtige Aufgabe. So gefährlich oder gar unmenschlich es sein kann, überhaupt keine Angst zu empfinden, ebenso bedrohlich ist freilich auch das andere Extrem, in der Angst zu versinken, ganz und gar durch sie blockiert zu werden, sich völlig zurückzuziehen, zu verschließen und damit letztlich die Angst das ganze Leben bestimmen zu lassen. Hier ist es wichtig, die andere Seite, den anderen Pol, das Vertrauen zu stärken und darauf zu achten, dass ein Gleichgewicht langsam wieder hergestellt werden kann.

Dabei liegen durchaus einige **kleine Schlüssel** bereit, die hilfreich sind: Es tut gut, im Zusammensein mit anderen etwas zu zeigen, zu erzählen von dem, was Angst macht; darüber zu sprechen, sich auszusprechen; Nähe zu suchen, Begegnung, Kontakt, Berührung und Zärtlichkeit zu wagen. Schon Kinder beruhigen sich oft schnell in der körperlichen Nähe eines vertrauten Menschen. An diese positive Erfahrung können wir auch als Erwachsene anknüpfen.

Alles, was einen Menschen zu erfreuen und zu ermutigen vermag, die vielen kleinen und größeren Freuden, kann den eng gewordenen Spielraum wieder erweitern; ebenso Unternehmungen, Aktivitäten, die aus dem ängstlichen Kreisen um sich selbst ein wenig herausführen können; Geschichten, Romane, Gedichte, Filme, Musik, die uns berühren und andere „Melodien" in uns anklingen lassen; Bewegung, die uns unseren Körper spüren lässt; jede, jeder kann für sich Möglichkeiten entdecken, Angst zu beruhigen, zu besänftigen.

In sehr schwierigen Situationen, in denen Menschen sich der Angst ganz ausgeliefert fühlen, ist unbedingt geraten, *therapeutische Hilfe* in Anspruch zu nehmen. Die gibt es Gott sei Dank! Eine ganze Reihe von Hilfsmöglichkeiten steht uns heute zur Verfügung. Unter anderem als hilfreich erwiesen haben sich etwa Körperarbeit, Verhaltens- und Gesprächstherapie.

Ein besonderer **kleiner Schlüssel** kann es bei einer solchen therapeutischen Arbeit sein, zu erkennen: manche aktuellen Ängste werden insgeheim verstärkt durch *„Urängste"*, die offensichtlich zum Menschsein gehören. Verstärkt auch durch belastende, *traumatische Erfahrungen* im Lebenslauf. Wem z.B. in seinem Leben durch den plötzlichen Verlust lieber Menschen das bisher schützende Lebenshaus, der verlässliche Boden unter den Füßen entzogen wurde, der wird auch neue Beunruhigungen eher sehr viel ängstlicher aufnehmen. Die alten Erfahrungen können sich schnell - fast unbemerkt - wieder einmischen in die Gegenwart. Es kann hilfreich sein, sich selber auf diese Weise in manchen Reaktionen besser verstehen zu lernen. Das erwähnte Lied verweist in seiner *zweiten Strophe* auf eine Hilfe, die viele Menschen erfahren haben:

„Fürchte dich nicht, getragen von seinem Wort, von dem du lebst." Getragen von seinem Wort: das kann ein Wort Jesu sein oder ein Wort aus den Psalmen wie etwa in *Psalm 118, 5-6:*

„In der Angst rief ich den Herrn an; und der Herr erhörte mich und tröstete mich. Der Herr ist mit mir, darum fürchte ich mich nicht; was können Menschen mir tun?"

Solche und andere guten Worte werden die Angst nicht einfach vertreiben, aber sie bringen uns in Berührung mit dem Pol des Vertrauens, das auch in uns ist. Gute Worte begleiten, tragen uns, geben neuen Boden unter die Füße. Gebete, für sich allein oder mit anderen zusammen gesprochen, helfen ebenso mit, Angst zu beruhigen und wieder mehr ins Gleichgewicht zu kommen. Das langsame Herauskommen aus dem Gefängnis der Angst, ein Freierwerden, eine neue Weite und Hoffnung sind angedeutet in der *dritten Strophe* des Liedes: *„Fürchte dich nicht, gesandt in den neuen Tag. Für ihn lebst du."*

Wir können es lernen, unserer Angst ins Gesicht zu schauen, uns gleichsam mit ihr anzufreunden, sie zu befragen. Wir können Ängste annehmen als zu unserem Leben gehörend. Wir dürfen es uns erlauben, Angst zu haben. Wir können zugleich Ausschau halten nach mannigfaltigen Möglichkeiten der Hilfe und sie in Anspruch nehmen. Das wird uns stärken, wird uns ein neues Gefühl von Vertrauen, Mut und Kompetenz geben, mit und trotz aller Angst „gesandt zu sein in den neuen Tag."

Leben mit Unterschieden

Tagtäglich können wir große Unterschiede erleben, bei anderen ebenso wie bei uns selber. Heute sind wir gut drauf, morgen schon ist uns „eine Laus über die Leber gelaufen". Gestern noch fühlten wir uns müde, gereizt und verspannt, heute bekommen wir wieder neuen Wind unter die lahmen Flügel. Stimmungen wechseln, schwanken nicht nur, manchmal sind sie so unterschiedlich, dass wir es kaum begreifen können.

Ganz abgesehen von diesen uns allen geläufigen Schwankungen stellen wir aber auch sonst große Unterschiede zwischen Menschen fest: Wertempfinden, Grundüberzeugungen, Ansichten, Vorlieben sind von Mensch zu Mensch verschieden. Der Grad der Unterschiede kommt noch hinzu, das Pendel schlägt nicht bei jedem oder jeder gleich aus.

Der eine feiert gern im größeren Stile etwa einen runden Geburtstag mit vielen Freunden. Einem anderen liegt eine solche Feier weniger. Er begeht das Jubiläum lieber im Stillen, freut sich über kleine Aufmerksamkeiten und ist ansonsten froh, wenn er gesund und munter dem folgen kann, was ihm am Herzen liegt.

Einer sagt gern frisch heraus, wenn ihn etwas stört oder ärgert, möchte das gern sofort los werden, ohne sich zu sehr Gedanken darüber zu machen, wie das beim anderen ankommen mag. Der oder die andere tut sich mit dieser offenen Art sehr schwer, behält erst mal lieber alles für sich, „sitzt es aus" und hofft, alles werde sich fast wie von selbst wieder zum Guten, zur Harmonie wenden.

Die eine liebt Musicals und überhaupt lieber die etwas leichtere Musik. Der andere leidet förmlich darunter, soll er nun, wie schon lange versprochen, doch mal die Freundin oder die Frau zu ihrem Event begleiten. Ihm wäre ein ernsterer, opulenter Opernabend sehr viel lieber. Wiederum andere gehen kaum noch in ein Theater, lieben eher große Rockkonzerte, wo richtig die Post abgeht.

Die eine liebt es beim Essen eher herzhaft, die andere könnte sich fast jeden Tag das „volle Programm" mit einem wunderbaren Stück Torte gönnen. Wiederum andere achten peinlichst genau auf die schlanke Linie, rackern sich tagtäglich ab, bewältigen bei jedem Wetter ihr „Nordic Walking"- Programm, um sich ja fit und gesund zu erhalten.

Der eine kämpft darum, dass Homosexualität auf keinen Fall vom christlichen Glauben her gebilligt werden könne und dass auch kirchliches Handeln dies heute zu berücksichtigen habe. Der andere wünscht sich in dieser Frage eher ein flexibleres Verhalten und sieht auch von der Bibel und vom Glauben her keinen Anlass zu strengerer Abgrenzung.

Unendlich lang könnte die Liste der menschlichen Variationen und Unter-schiede werden. Was soll's, sagen wir vielleicht, so ist es eben: „variatio delectat" (Abwechslung erfreut)! Und Toleranz steht uns doch gut! Ganz so einfach ist es aber dann doch nicht. Neben einer gewissen Freude an den überall wahrnehmbaren Unterschieden gibt es bei vielen Menschen die umgekehrte Tendenz zur hartnäckigen Verteidigung des „eigenen Systems" und zur Abwehr des Anderen, des Fremden, des für einen selbst Ungewohnten, bis hin zu verdeckter oder offener Abwertung, Aggressivität und Feindschaft gegenüber den anderen und ihren Ansichten. Missverständnisse, Kränkungen, Beziehungsabbrüche und Schlimmeres sind leider oft die Folge. Toleranz will oft erst mühsam gelernt sein!

Ein erster **kleiner Schlüssel** wäre hier wohl: Zunächst einmal bei sich selber wachsam, bescheiden, selbstkritisch damit zu rechnen, dass keine, keiner von uns je völlig frei ist von solchen Tendenzen der unnachgiebigen Verteidigung des eigenen Systems, der Abwehr und Aggressivität. Ständige Zurückhaltung, Harmonie und Beherrschtheit, ein ständig weises Abwägungsvermögen, stets zur Verfügung stehender Durchblick und Übersicht sind nicht menschliches Normalprogramm. Wenn ich auch in mir selber „unreife" spontane Reaktionen wahrnehme, muss ich mich bei anderen nicht so furchtbar darüber aufregen. Zumindest als erste Reaktion dürfen wir uns durchaus auch mal „freche", unüberlegte, unkontrollierte Äußerungen oder Verhalten erlauben.

Ein **kleiner Schlüssel** kann es dann sein, es nicht gleich als eine Tragödie anzusehen, *wenn Sie sich* – ob nun in diesem Augenblick berechtigt oder nicht - *mal unbeliebt gemacht haben.* Nicht gleich, aber später werden Sie vielleicht stolz auf sich sein, dass Sie zu Ihren Gefühlen, zu sich selbst gestanden haben. Die Jagd nach ständiger Harmonie und Wohlwollen wird doch eh leicht zu einer einförmigen, langweiligen Lebensvariante. Ihr fehlt die notwendige, realistische Lebensspannung und sie ist in Gefahr, nur noch um die Sicherung der Harmonie und des eigenen Wohlbefindens zu kreisen. Freilich, bei der Revolte oder Rebellion müssen wir dann nicht stehen bleiben. Denn bei einer Auseinandersetzung, bei einem Konflikt können wir selber durchaus viel dazulernen, neue Einsichten über uns selber und andere gewinnen. Auch in einer neuen Bereitschaft zum Verstehen und zur Verständigung können wir wachsen, gerade dann, wenn wir zuvor Widerspruch, Abgrenzung, Rebellion und Aggression erst mal zugelassen haben.

Ein **kleiner Schlüssel** sind für mich auch *Verstehens-Modelle aus der Psychologie*: z.B. aus der sogen. *„Transaktionsanalyse"*. Sie hat uns gezeigt, dass wir - durch gewisse Prägungen bestimmt - spontan zu *Mustern* neigen: etwa zu dem Grundgefühl: „ich bin ok, du bist nicht ok!" *oder* umgekehrt zu: „ich bin nicht ok, du bist ok!". Das reifere Empfinden und Verhalten: *„Ich bin ok, du bist ok!"* steht meist nicht am Anfang, sondern muss erst langsam in anstrengendem Bemühen gelernt werden. - Auf die alte, wieder entdeckte *spirituelle Typenlehre des „Enneagramms" (vgl. das Kapitel „Die 9 Gesichter der Seele"),* mit der wir die vielen Menschen gemeinsamen typischen Unterschiede oder Verschiedenheiten näher in den Blick nehmen können, habe ich schon hingewiesen.

Neben den psychologischen Verstehensmodellen hilft mir als weiterer **kleiner Schlüssel** auch hier *die Möglichkeit des Glaubens und des Gebets.* Wenn ich die manchmal verwirrenden oder auch verletzenden Unterschiede und Differenzen im Gebet Gott offen hinhalte, nehme ich dabei Abstand von mir selber. Ich beziehe eine ganz andere Instanz mit ein, gehe davon aus, dass ich nicht alle Differenzen beseitigen, alle Unterschiede ausgleichen muss. Ich kann dann auch wieder geduldiger auf eine vielleicht neue Möglichkeit der Verständigung warten.

Strom der Gefühle

Über Gefühle zu sprechen oder zu schreiben ist nicht ungefährlich. Man glaubt sich beim Erzählen von den Erlebnissen und den dazu gehörenden Gefühlen ganz nahe dran am wirklichen Erleben. Und doch kann es fast unbemerkt geschehen, dass wir uns dabei schon von dem originalen Strom der Gefühle entfernt haben, indem wir z.B. schon die ersten Deutungen und Bewertungen mit einfließen ließen. Der ursprüngliche Strom der Gefühle kann auf diese Weise längst verändert, abgelenkt, gar vorbeigerauscht oder ganz in andere Bahnen umgelenkt worden sein.

Vielleicht war die Scheu, die Angst vor den heftigen Gefühlen, die Überwältigung von sehr widerstreitenden Emotionen so groß und verwirrend, dass wir mit allerlei Ablenkungsmanövern und Maskeraden sie uns vom Halse zu schaffen suchten. Sehr beliebt ist dabei besonders das Reden über andere, bei denen sich prächtig und scheinbar unberührt all das herausstellen lässt, was uns auch selbst in unseren Gefühlen bewegt und somit unsere ureigene Sache sein kann.

Verständlich ist das Projizieren der Gefühle auf andere, das Verschieben und Verbergen allemal. In hohem Maße ist Gefühlen eine *Ambivalenz* eigen. Einerseits können sie zum Erleben wunderbarer Glücksmomente beitragen und einen Menschen regelrecht verzaubern (vgl. z.B. das Gefühl einer heftigen Verliebtheit). Andererseits lassen Gefühle uns bisweilen abstürzen in Abgründe der Angst und Verzweiflung, die uns wütend oder auch ratlos mit uns selbst allein lassen. Von Gefühlen können wir so geschüttelt werden, dass wir glauben, ihnen einfach nur ausgeliefert zu sein, nicht mehr Herr im eigenen Hause zu sein.

Wie also umgehen mit den Emotionen, mit dem „Strom der Gefühle"? Emotionen, das heißt: Bewegungen, Bewegendes, Fließendes lässt sich nicht einfach anhalten, wie auf Knopfdruck abstellen. Es sind Regungen unserer Seele, die sich ungefragt bemerkbar machen und uns nicht um unsere Erlaubnis fragen. *Anselm Grün* sagt: „*Die Gefühle wollen ans Licht gebracht werden.*" Daher tun wir gut daran, sie zu beachten, sie aufmerksam wahrzunehmen, ganz gleich ob wir sie nun genießen können wie bei einer großen Freude oder Begeisterung oder ob wir sie mehr ertragen und durchstehen müssen wie bei einer Enttäuschung oder beim Erleben der Angst.

Ein **kleiner Schlüssel** kann also sein: ein aufkommendes Gefühl einfach da sein zu lassen, es freundlich, wohlwollend anzunehmen, ihm gleichsam zu sagen: du bist jetzt da, meldest dich. Ich schicke dich nicht weg. Ich lasse mich von dir bewegen, komme mit dir ins Gespräch, höre auf deine Botschaft, lasse mich von dir auch in Frage stellen.

Das *Gefühl des Ärgers* ließe sich dann z.B. konstruktiv so sehen: „*Eigentlich will uns der Ärger dazu einladen, das, was uns geärgert hat, aus unserem Herzen herauszuwerfen, uns zu befreien von dem, was uns da ärgert. Im Ärger steckt eine Kraft, die uns hilft, uns von negativen Worten oder Ereignissen zu distanzieren. Und manchmal ist der Ärger auch ein Impuls, etwas zu ändern.*" [43]

Das Umgehen mit Gefühlen schließt mit ein, in ihnen auch die positive Kraft wahrzunehmen, die in ihnen steckt. Wir können Gefühle aber auch kritisch hinterfragen. Wir müssen uns nicht mit ihnen identifizieren, sondern können lernen, sie auch zu begrenzen und darauf vertrauen, dass es in uns noch andere Gefühle, Bewegungen, Stimmungen, Ansichten und Aufgaben gibt, die einen vielleicht nötigen Kontrapunkt bilden. Die alleinige Herrschaft eines Gefühls müssen wir keineswegs anerkennen. - Anerkennung, wohlwollende Beachtung und Zulassen des Gefühls *auf der einen Seite*; Befragung und Begrenzung des Gefühls; *Desidentifikation*

(„*Ich habe Gefühle, aber bin nicht meine Gefühle.*" - nach *Roberto Assagioli*) *auf der anderen Seite*: *beides* kann eine Hilfe sein, im oft verwirrenden Strom der Gefühle die Orientierung nicht zu verlieren.

Zum **kleinen Schlüssel** kann uns - wie oft schon - auch das Gegenüber eines biblischen Wortes werden. Im *Johannesevangelium (Johannes 7,37-38)* wird erzählt, dass Jesus sich auf einem Fest befindet:

„*Am letzten Tag des Festes trat Jesus auf und rief: Wen da dürstet, der komme zu mir und trinke! Wer an mich glaubt, wie die Schrift sagt, von dessen Leib werden Ströme lebendigen Wassers fließen.*"

Von ganz anderen „*Strömen lebendigen Wassers*" spricht dieses Wort Jesu. Diesmal sind es nicht die Gefühle, die wir kennen, die uns bisweilen hin und her schütteln und uns oft ganz ratlos machen. Eine tiefere Quelle ist mit diesen „*lebendigen Wassern*" angesprochen. So wie in vielen Märchen das Verweilen an einem Brunnen die Verbindung zu einer anderen, jenseitigen Welt, zu dem, was größer ist als wir selbst, ermöglicht, können auch wir – so meint wohl Jesus – Anschluss finden an die „*Ströme lebendigen Wassers*" , die von ihm, von der Quelle seines Gottvertrauens und seiner Liebe ausgehen.

Diese von Jesus angesprochenen Ströme des Vertrauens, der Liebe, der Geborgenheit in Gott bilden ein hilfreiches und notwendiges Gegenüber zum Strom der Gefühle. Beide Ströme aber machen uns lebendig, beide haben ihre je ganz eigene Botschaft und Berechtigung.

„Siehe, ich mache alles neu!"

Der Philosoph *Friedrich Nietzsche* sprach einmal von der *„ewigen Wiederkehr des Gleichen"*. Von *Richard Wagner*, mit dem er anfänglich befreundet war, stammt das Bonmot: *„Kinder, schafft Neues!"*. Alt und neu, bekannt und unbekannt, Gewohntes und Ungewohntes, Vertrautes und Fremdes, vielfach können wir diese Spannung oder Polarität benennen. Beide Pole oder Tendenzen – in ganz unterschiedlicher persönlicher Mischung – kennen wir.

So geben wir etwa Altbekanntes, Vertrautes, Gewohntes nicht gern auf. Es gibt uns ein Stück Sicherheit und Rückzugsmöglichkeiten, kann geradezu erholsam für uns sein. Offenbar entspricht dies auch einer Tendenz der Seele insgesamt, die – so sagte es *C.G. Jung* einmal – konservativ und nur durch allergrößte Not aufzuschrecken sei. Sie besitze eine bedeutende Trägheit, die nichts Vergangenes, Gewohntes lassen, sondern es für immer festhalten wolle.

Doch auch die Sehnsucht nach dem Neuen, Unbekannten oder Abenteuerlichem kennen wir. Menschen brechen auf ins Ungewisse, zu „neuen Ufern". Das noch nicht Gekannte kann einen ungeheuren Reiz ausüben. Es ist auch der Drang, Neues für sich zu entdecken und zu erforschen, weiter zu kommen, etwas besser zu machen als zuvor. Wir möchten nicht nur im status quo verharren und uns der Lebensdynamik verweigern. Wir spüren den dringlichen Wunsch, auch innerlich zu wachsen, anders, neu zu werden, mehr in das größere Bild unseres Wesens, unserer Persönlichkeit hinein zu wachsen.

Wie bei allen Gegensatzpaaren oder Polaritäten kommt es natürlich auch hier auf ein Gleichgewicht, eine gute *Balance* beider

Kräfte oder Strebungen an. Doch genau an dieser Balance mangelt es oft! An einem Beispiel möchte ich es etwas näher erläutern:

Aus der Psychologie kennen wir die Beschreibung der Situationen, in denen Menschen alte, unverarbeitete Verletzungen, Konflikte, Schmerzen in der Gegenwart *„wie in einem Zwang wiederholen."* Ausgerechnet solche Situationen, die mit Leid und Schmerz verbunden waren, werden wiederholt. Da wurde etwa eine Frau schon als Kind wenig gesehen, beachtet, erlebte sich eher als „zu viel" denn als wirklich erwünscht. Später gerät sie oft wieder in ganz ähnliche Situationen, in denen sie nicht beachtet, übergangen, abgeschoben wird. Die *„Wiederholung"* kann auch aktiv so geschehen, dass sie selbst die eigenen unverarbeiteten Verletzungen und Schmerzen nun an andere weitergibt. Diese anderen erfahren dann eben auch das, was die Frau erleben musste. Solche *Muster* können sich unendlich wiederholen, selbst dann, wenn die Betroffenen spüren, dass da wohl etwas nicht stimmt. Das Alte, schon immer Gekannte dominiert, ein neues Fühlen, Denken und Verhalten hat so gut wie keine Chance bekommen. Das Gleichgewicht, die Balance ist gestört, durchaus mit unangenehmen Konsequenzen.

Für mich ist es wie ein **kleiner Schlüssel**, dennoch auf die Grundspannung von alt und neu zu vertrauen und damit zu rechnen, dass auch die andere Seite – die Sehnsucht nach dem Neuen – wieder eine Chance bekommt. Schon die erwähnten *„Wiederholungen"* haben ja letztlich die Tendenz, durch die Neubelebung oder Wiederholung *das Alte zu überwinden und neue Möglichkeiten zu eröffnen.* Dazu aber bedarf es zuerst eines Zulassens und Durcharbeitens der alten Verletzungen und Schmerzen und dann – langsam aber beharrlich – das Ausprobieren, das Wagen anderer, alternativer Empfindens-, Denk-und Verhaltensmöglichkeiten.

So wird z.B. die, die kaum beachtet, übergangen, abgeschoben wurde, noch einmal ganz bewusst sich diesem Schmerz stellen müssen und künftig lernen, auf sich selbst zu achten, sich selbst zu beachten, nicht zu übergehen. Und auch auf Abstand zu gehen zu denen, die weiter nach den alten Mustern mit ihr umgehen möchten. Ihnen kann sie innerlich sozusagen wie ein „Hausverbot" erteilen. Ein solches Herauskommen aus alten Mustern und neues Verhalten kann sich mit der Zeit festigen und zu einer wunderbar erfreulichen Erfahrung werden.

Ein wichtiger **kleiner Schlüssel** ist für mich auch *Jesu Wort und Verhalten*. Die Botschaft von der unbedingten, barmherzigen Liebe Gottes, seines „Vaters" war für Jesus selber überwältigend und neu. Mit Worten und Bildern, etwa wie vom neuen Wein und alten Schläuchen, ebenso wie in seinem unerschrockenen Verhalten gegenüber „alten" Autoritäten hat er das Neue gelebt. Paulus spricht von der *„neuen Schöpfung"*, die sich in Jesus zeigt. Es kann die Erfahrung sein, *„dass hier und dort in der Welt und dann und wann in uns selbst eine Neue Schöpfung entsteht."* [44]

Ganz am Ende der Bibel spricht der Seher *Johannes* von einem *„neuen Himmel"* und einer *„neuen Erde"*:

Er hörte *„eine große Stimme von dem Thron her, die sprach:*

Siehe da, die Hütte Gottes bei den Menschen! Und er wird bei ihnen wohnen, und sie werden sein Volk sein; und Gott wird abwischen alle Tränen von ihren Augen, und der Tod wird nicht mehr sein, noch Leid noch Geschrei noch Schmerz wird mehr sein; denn das Erste ist vergangen. Und der auf den Throne saß, sprach: Siehe, ich mache alles neu!"
(Offenbarung 21,3-5)

Es kann etwas ganz Wunderbares sein, eine solche Ermutigung, eine solche Stimme ganz tief in sich zu hören, zu spüren, wie sie uns auch jetzt schon bewegen, anstiften kann zu Neuem, bisher noch nicht Gekanntem.

Aggression – Leben fördernd?

Jemandem gegenüber treten; seine eigene Position, Meinung vertreten; sich gegen Widerstände durchsetzen; sich anderen gegenüber wehren; jemanden zur Rede stellen; Ärger, Empörung, Protest offen ausdrücken; klar ja und nein sagen: all dies ist für viele keineswegs selbstverständlich. Viele tun sich schwer, sind dabei gebremst, gar blockiert. Das kann viele Gründe haben, und es ist eine lohnende Aufgabe, diese Gründe in den Blick zu nehmen und zu mehr Klarheit in Bezug auf das Stichwort „Aggression" zu kommen.

Es beginnt damit, dass Aggression oft einseitig als etwas Negatives gesehen wird, das möglichst gemieden werden sollte. Dabei ist Aggression zunächst überhaupt nichts Negatives. Das Wort kommt aus dem Lateinischen: „aggredi", bedeutet „herangehen" und ist also eine Kraft, eine Energie, mit der wir an Menschen, an Dinge, Probleme herangehen, sie „anpacken", uns ihnen stellen, uns abgrenzen und notwendige Auseinandersetzungen wagen, Selbstverteidigung, Selbstbehauptung, Durchsetzungsvermögen gehören dazu. Das alles sind Verhaltensweisen, die erst einmal wertneutral zur menschlichen „Ausstattung" gehören und unverzichtbar sind.

Von dieser Leben erhaltenden bzw. – fördernden Kraft der Aggression ist die zerstörerische/destruktive Aggression zu unterscheiden. Dabei geht es um eine egoistische, nur den eigenen Willen durchsetzende Behauptung eigener Wünsche, Macht und Größe. Verbunden damit ist oft eine sich entladende reaktive Wut, die sich auf alles und jeden richten kann, der sich in den Weg stellt. Während berechtigte Empörung und Zorn sich bescheiden können auf eine konkrete Auseinandersetzung, bei der der Kontrahent als gleichberechtigtes Gegenüber geachtet wird, kann die nur dem eigenen Willen und Anspruch verhaftete Aggression sich steigern zu einem andere verachtenden, hasserfüllten, vernichten wollenden Verhalten.

Diese „bösartige" Aggression ist keineswegs eine seltene Ausnahmeerscheinung. Sie zeigt sich in vielen Bereichen des Lebens, in Beziehungen, Familien, Gruppen, Parteien, Schulen, Firmen, z.B. im immer mehr zunehmenden Mobbing, im Übergehen und der Nichtbeachtung anderer. Wer oft mit dem Auto unterwegs sein muss, kann genügend Erfahrungen beisteuern, die von Dränglern und Rasern berichten, die andere Verkehrsteilnehmer nötigen und sie aggressiv unter Druck setzen. Hinzu kommt, dass in Film und Fernsehen destruktives, andere erniedrigendes und schädigendes Verhalten in allen Details ausgebreitet, fast „zelebriert" wird.

Wohl mindestens genau so groß ist der Schaden, der durch das gegenteilige Extrem, durch nicht zugelassenen Zorn, durch unterdrückte Aggression entstehen kann. Die Gründe für runtergeschluckte, verdrängte, gebremste, ja verbotene Aggression sind vielfältig. In einem Milieu ständiger Friedfertigkeit und Harmonie, bei strengem Verbot aggressiven Verhaltens mit entsprechend angedrohten Sanktionen hat es ein gesundes aggressives Verhalten äußerst schwer. Wenn schon früh „Widerworte" sofort bestraft werden, wenn eigene Wünsche ganz übersehen, übergangen werden, wird die Kraft, an andere heran, auf andere zu zugehen, sich selber einzubringen sehr geschwächt. Angst vor Achtungs- und Liebesverlust, die Befürchtung bei geäußerter Aggression ganz allein da zu stehen, kommt hinzu. Eine permanent unterdrückte Aggression ist gefährlich, weil sie die Tendenz hat, sich mit der Zeit gegen die eigene Person zu richten. Sie kann umgelenkt werden in den Körper, sich wandeln in psychosomatische Beschwerden wie z.B. Kopfschmerzen. Nicht gerade selten ist unterdrückte Aggression geradezu auch ein „Nährboden" für Depression.

Was kann hilfreich sein, wie ein **kleiner Schlüssel**, der Zugang verschafft zu dem schwierigen Bereich der Aggression? - Zunächst ist es bestimmt die Gabe der *Unterscheidung*, die wir schon angewandt haben. Sodann ein *Sich Klarwerden* über die Gründe für eine überschießende ebenso wie für zu sehr unterdrückte Aggression. Schließlich kann und muss ein gesundes aggressives Verhalten oft über lange Zeit hin *erprobt*, regelrecht *geübt* werden. Mit der Zeit kann sich ein gesundes Maß einpendeln. Aggression können wir uns selbst und den anderen zugestehen, wagen. Wir vertrauen darauf, dass sich eine *Balance* zwischen friedfertigem und aggressivem Verhalten herstellen wird, die Aggression also nicht zu sehr gebremst und diffamiert wird.

Ähnlich wie das „Brückenbauen" ist ein gekonnter Umgang mit Aggression eine hohe Kunst, die oft erst mühsam erlernt werden will. Ohne „Versuch und Irrtum" geht es da nicht. Steht uns die Aggression aber grundsätzlich zur Verfügung, können wir bei Bedarf auf diese Kraft zurückgreifen, wird sie uns beleben, erfrischen, uns zu gesunden Abgrenzungen ermutigen und den Selbstwert steigern. Die Einübung einer gesunden Widerstands-Kraft und –Fähigkeit wird uns auch helfen, möglichen Verstimmungen besser vorzubeugen.

Entscheidung für das Leben

Zwischen mehreren Möglichkeiten wählen und sich dann für eine entscheiden zu können, gehört zu den Chancen und Aufgaben, die tagtäglich auf uns warten. Die Neigung, eher noch länger abzuwarten, noch keine Entscheidung zu treffen, ist uns zwar auch vertraut. Und manchmal ist es auch sinnvoll, noch keine Entscheidung zu fällen, etwa in der Situation einer Krise, einer Krankheit, wenn eine klare Entscheidung uns zu diesem Zeitpunkt überfordern würde. Doch wenn die Kraft zurückgekehrt, ein stabilerer Zustand wieder erreicht ist, kann ständiges Zögern dazu führen, dass wir das Heft letztlich aus der Hand geben, andere oder die Verhältnisse über uns entscheiden lassen und dies zu Ergebnissen führen kann, die wir nicht gewollt haben.

Vermutlich sind es häufig *Unsicherheit* und Angst, einen Fehler zu machen, sich womöglich falsch zu entscheiden, die uns einen klaren Entschluss so schwer machen. Entscheidungen aus ganz klarer, sicherer Gewissheit heraus sind nicht die Regel. Viele sind doch eher verbunden mit der Frage, was denn wohl aus der getroffenen Entscheidung werden wird. *Mit* solchen Unsicherheiten zu leben und sie auszuhalten, es auch einmal hinzunehmen, wenn sich eine Entscheidung als falsch herausstellt und eventuell sogar aus solchen Enttäuschungen zu lernen, das wäre dann schon eine Entscheidung *für* das Leben!

Für *das Leben, so wie es ist, oft mit zwei Seiten: Einerseits* angreifbar, immer mit der Möglichkeit, Fehler zu machen und sich viele Wünsche nicht erfüllen zu können. *Andererseits* wieder mit ganz wunderbaren, oft schon gar nicht mehr geglaubten Wandlungen. Etwa wenn wir es lernen, mit einer Nicht-Beachtung, einer *Kränkung*, die uns getroffen hat, anders, neu umzugehen: dass wir uns diese Kränkung eingestehen, sie mit anderen, vielleicht auch mit dem „Verursacher" besprechen; dass wir eigene Anteile, auch unerfüllbare, illusionäre Wünsche mit in Betracht ziehen; und dass wir uns dann nicht beleidigt, gekränkt zurückziehen, sondern mit dem Blick für das realistischer Weise Mögliche uns wieder ins Leben, in Gemeinsamkeiten ziehen, verwickeln lassen.

Oder, um ein anderes Beispiel zu nennen, wenn wir es langsam lernen, hinter einer *Sucht*, die uns im Griff hat, auch einen tieferen Wunsch, eine tiefere Sehnsucht zu sehen. Eine *Sehnsucht*, eine *Suche* nach Geborgenheit, Verständnis und Annahme, die wir uns mit dem „Mittel" der Sucht selbst verschaffen wollten, was uns aber letztlich in eine schwere Abhängigkeit brachte, die es uns fast unmöglich machte, unser Leben noch wirklich selbst in die Hand zu nehmen. Wer sich diesem schmerzhaften Prozess stellt und lernt, seine Sehnsucht *auszuhalten*, mit ihr zu leben, der ist auf dem Wege, sich neu für sein Leben zu entscheiden.

Diese Entscheidung für das Leben kann zwar von anderen begleitet und gefördert werden. Letztlich getroffen werden muss sie von uns selbst. Es ist die *Verantwortung* für unser Leben, die uns niemand abnehmen kann. Sie schließt die Bereitschaft mit ein, sich dem Leben mit seinen Unsicherheiten, und Herausforderungen zu stellen.

Sehr schwierig kann diese Verantwortung werden, wenn wir in eine Situation kommen, in der wir mit Gedanken kämpfen, ob wir denn so überhaupt noch leben, weiterleben wollen. Verfahrene, unerträglich gewordene zwischenmenschliche Beziehungen; Zurückweisungen, tiefe Kränkungen; ausweglos erscheinende Situationen im Beruf; eine Schuld, die bedrückt; eine körperliche oder seelische Krankheit, bei der keine wirkliche Besserung oder Heilung glaubhaft erscheint; der Verlust eines geliebten Menschen, der das weitere Leben ohne diesen Menschen leer und sinnlos erscheinen lässt: sehr vielfältig können die Gründe für *Suizid-Gedanken und – Handlungen* sein. Der Leidensdruck kann so groß werden, dass nur noch ein „Ausweg" gesehen wird: sich durch eine suizidale Handlung von diesem unerträglich gewordenen Zustand zu befreien. Wobei dann tragischer Weise diese angestrebte „Erlösung" oder Befreiung nicht mehr erlebt werden kann, wenn der Suizidversuch „gelingt". So schwer eine solche Situation für Betroffene, Angehörige und Helfer ist, auf einige **kleine Schlüssel** möchte ich doch hinweisen:

Zuerst: Viele Menschen, sehr viele mehr als wir glauben, kämpfen mit zeitweiligen Suizidgedanken und erwägen für sich bisweilen eine Entscheidung gegen das Leben. Es kommt häufig vor. Es ist so, z.B. auch bei vielen Depressionen.

Um aus dem Druck und der Einengung, in der nur noch dieser eine „Weg" möglich erscheint, wieder herauszufinden, ist gerade hier von großer Bedeutung, sich zu öffnen, sich Menschen anzuvertrauen, die mit- und nachfühlend aushalten, was so schwer bedrückt. Menschen, die auch aggressive Äußerungen nicht übel nehmen, sondern als wichtige Chance sehen, dass die verborgene Wut und Verzweiflung herauskommen, sich zeigen kann.

Eine Bagatellisierung angedeuteter Suizidhandlungen ebenso wie der Drang vieler, mit Gegenreden und Beurteilungen dagegen zu argumentieren, hilft nicht weiter. Im Gegenteil, Betroffene erleben das eher so, dass sie nicht angenommen, nicht verstanden werden, so wie *sie* sich momentan erleben. Sie fühlen sich noch mehr verlassen. Verantwortlich ist es, professionelle Hilfe in Anspruch zu nehmen und eventuell auch der Einweisung in eine Klinik zuzustimmen oder dies zu veranlassen. Bei allem Verständnis muss auch deutlich spürbar sein, dass andere nicht bereit sind, zuzulassen, dass einer bzw. eine sich tatsächlich das Leben nimmt.

Wenn ein Suizidversuch geschehen ist und der oder die Betroffene es „überlebt" hat, brauchen die Betroffenen unbedingt Gespräche, in denen die Scheu, über das zu sprechen, was passiert ist, abgelegt und dann vielleicht auch eine andere, neue, eigene „Bewertung" vorgenommen werden kann. Da kann es dann sehr wohl „stimmig" sein, wenn jemand sagt: „Der Herrgott hat das wohl nicht gewollt, dass ich mir das Leben nehme." Oder: „Jetzt bin ich froh, vielleicht doch noch eine positive Wende erleben zu können."

Die *Entscheidung für das Leben* wird in jedem Falle gefördert, wenn wir bereit sind, uns zu öffnen, wenn wir weiter suchen, in Bewegung bleiben. Indem wir auf andere, aufeinander zugehen, uns mitteilen, tragen wir mit dazu bei, dass das Leben sich wieder weitet, dass neue Aussichten und Lösungen erkennbar werden, dass wir aufatmen können und uns neu für das Leben entscheiden.

„Alle Arten von Mut"

Es gibt eine ganze Reihe von „*Mitteln*", die sich für viele Menschen bewährt haben, die in Krisensituationen oder auch Krankheiten lindern, helfen auf dem Weg zur Besserung oder zur Heilung. Fachkundig und gezielt eingesetzt und für hilfreich befunden sind sie manchmal „*kleine Schlüssel*", die selbst schwere Türen wieder öffnen können. Es sind aber nicht nur die vom Arzt verschriebenen Medikamente, sondern auch das, was wir selber als hilfreich erkannt und erprobt haben. Vor allem etwa Begegnungen und Gespräche, in denen wir für uns selbst wie für andere neue Sichtweisen und Einblicke entdecken. Gespräche, in denen wir uns frei machen von Beurteilungen und erst einmal die sein dürfen, die wir sind.

Auf *ein anderes „Mittel" oder Medikament* möchte ich besonders hinweisen: *die Musik*. Sie ist ein wunderbarer **kleiner Schlüssel** und oft schon hat sie mich erfreut, mir geholfen, mich angeregt, ermutigt, getröstet, mich auf neue Gedanken gebracht. Natürlich kann Musik auch missbraucht werden. Etwa wenn wir uns damit zu sehr aus den Anforderungen des Alltags ausblenden. Nicht für jedes Problem ist Musik die passende Lösung. Aber das ändert nichts daran, dass Musik in vielen Situationen eine sehr hilfreiche, ja heilsame Wirkung entfaltet.

In der *Oper „Ariadne auf Naxos" von Hugo von Hofmannsthal und Richard Strauss* singt *„Der Komponist"* begeistert:

„Mut ist in mir, Mut, Freund! Die Welt ist lieblich und nicht fürchterlich dem Mutigen. Was ist denn Musik? Musik ist eine heilige Kunst, zu versammeln alle Arten von Mut wie Cherubim um einen strahlenden Thron, und darum ist sie die heilige unter den Künsten."

127

„*Zu versammeln alle Arten von Mut*", ja dazu ist Musik wirklich oft genug im Stande! Sie gibt uns gleich eine ganze Reihe von **kleinen Schlüsseln** an die Hand. „*Musik tut gut*" *und macht Mut:* zum Beispiel, sich anrühren, die eigenen Gefühle durch Musik berühren, fließen zu lassen. Und zwar *alle Gefühle*. So ist es z.B. möglich, über Musik in Berührung zu kommen mit all dem *Protest*, dem *Zorn*, der *Wut*, die sich vielleicht schon lange in uns angesammelt hat. In den Worten, den Melodien, dem Rhythmus kann auch die eigene Befindlichkeit mit anklingen und sich ausdrücken. Dass sie sich so aussprechen kann, ist zunächst einmal sehr hilfreich!

Musik erweist sich ebenso oft als eine Hilfe, mit der eigenen *Trauer* oder *Traurigkeit* in Berührung zu kommen. Auf eine sehr behutsame Weise, die auch die Möglichkeit gibt, wieder auszusteigen, wenn es zu viel wird, kann sie im wahrsten Sinne des Wortes Tränen fließen lassen, die sich sonst vielleicht kaum einmal vorgewagt hätten. Musik macht Mut, sich fallen zu lassen und dabei doch zu spüren, wie wir in aller Haltlosigkeit getragen werden. Wie in den Psalmen der Bibel, in denen sich erbitterte Klage unversehens in begeisterten Dank und Lob wandeln kann, vermag auch Musik, solche *Veränderungen, Wandlungen* mit auszulösen.

Musik macht Mut, den Panzer oder die Maske der ständigen Beherrschtheit abzulegen, über zu enge Grenzen hinauszugehen, zu singen, zu tanzen, wenn einem danach zumute ist. Es ist, als wenn man mit Hilfe der Musik einen Schatz der *Lebendigkeit* und *Freude* berühren, freilegen würde, der schon in uns ist.

Musik eröffnet auch viele Möglichkeiten der Gemeinschaft. Es tut gut, mit anderen zusammen zu musizieren oder Musik zu hören, sich *gemeinsam* an der Musik zu erfreuen, sich von ihr ermutigen zu lassen. In einer Musiktherapie etwa kann dabei ohne allen Zwang zur Leistung im Gebrauch vieler Instrumente *der eigene Ton, die eigene Stimme*, die eigene Besonderheit wieder gefunden werden. Musik kann auch den Mut in uns stärken, uns einmal mit einer ruhigen Musik zurückzuziehen, zu *entspannen*, umzuschalten, die anderen oft so lauten, grellen Stimmen in den Hintergrund treten zu lassen.

Und selbstverständlich gehört auch der Mut dazu, *sich abzugrenzen*, sich fernzuhalten von einer Musik, die vielleicht anderen, aber uns nicht gut tut oder auch einmal jede Musik auszublenden und auf *ganz andere Klänge oder Stimmen* zu hören, etwa auf die Stimmen in der Natur oder die Stimmen der Menschen, die uns etwas Wichtiges sagen wollen. Oder etwa auch auf Gedanken, auf Gefühle, Wünsche und Fragen in uns, die ihren Raum und ihre Zeit brauchen.

Dort aber, wo wir der Musik die Türe zur rechten Zeit wieder öffnen, kann sie uns nicht nur zu uns selbst bringen, sondern *uns auch über uns selbst hinausweisen*, in jenen Bereich, den wir mit Gott, Vater im Himmel, Schöpfer oder Ewigkeit umschreiben. Mit Liedern des Dankes, des Lobes können wir Gott danken für die wunderbare Gabe der Musik, die es wie kaum etwas anderes schafft, in uns *„zu versammeln alle Arten von Mut"*.

Die Falle der Selbstbezogenheit

Nach der Wahl von D. Trump zum amerikanischen Präsidenten war in der Tageszeitung die Bemerkung eines Journalisten zu lesen, die sich sowohl auf den gerade überraschend Gewählten wie auf den schon lange im Amt befindlichen russischen Präsidenten bezog: „Wenn zwei Narzissten sich mögen, hat die Welt ein Problem weniger". Einschränkend wurde hinzugefügt, dass dies eine sehr gewagte These sei angesichts der Irrationalität des Erwähnten. Sinniger Weise wurde auf derselben Seite der Zeitung auch die Stimme des Vatikans zitiert, der hinsichtlich des gerade Gewählten verlauten ließ: „Gott möge ihn erleuchten".

Weiß Gott, eine Erleuchtung benötigte man auch sonst oft im Umgang mit stark selbstbezogenen, narzisstisch geprägten Menschen, Menschen also, bei denen eine – ihnen selber oft eher verborgene – starke egozentrische Lebens- und Sichtweise vorherrschend geworden ist. Der Umgang mit diesen Menschen kann sehr anstrengend und frustrierend sein. Denn so wichtige menschliche Qualitäten wie: Infragestellung der eigenen Person und Sicht, Wandlung, Erweiterung, Neues aufnehmen, auf andere zugehen, sich wirklich für sie interessieren - die sind da kaum noch anzutreffen. Und so ziehen sich denn auch viele nach einigen vergeblichen Versuchen verärgert oder resigniert zurück, brechen den Kontakt ab, auch um sich vor den oft irrationalen Reaktionen bzw. Attacken zu schützen.

Reinhard Haller sieht in seinem Buch *„Die Narzissmusfalle"* das Problem auch im gesellschaftlichen Kontext:

„Wird unser Zeitgeist von narzisstischen Elementen wie Selbstdarstellung, Egozentrizität, Größengefühl, Überheblichkeit, Ruhmsucht o-

der Machtgehabe bestimmt?...Werden Eigenidealisierung und Entwertung anderer tatsächlich zu modernen Lebensprinzipien?...Narzissmus ist der unstillbare Wunsch nach Anerkennung und Bewunderung und die übertriebene Einschätzung der eigenen Wichtigkeit...Überraschend müssen wir aber feststellen, dass hinter glanzvollem Äußeren und selbstzentrierter Eigennützigkeit meist ein fragiles Selbstwertgefühl lauert und die emotionale Intelligenz weitgehend verkümmert ist."

Dazu, so *Haller*, gehöre, dass ein Narzisst es glänzend verstehe, um sich eine Atmosphäre zu schaffen, die keine andere Meinung zulasse. Kritik komme einem Tabubruch, einer Blasphemie gleich, was zu extremen Rachereaktionen führe. In keiner Weise noch hinterfragbar stehe die Überzeugung: ich bzw. wir sind die Guten und gut, dass wir so gut und anders (= besser) sind!

Haller nennt zusammenfassend *vier Merkmale des Narzissmus*: zuerst *Egozentrizität*, die absolute Vorrangstellung des eigenen Standpunktes, neben dem keine andere Meinung oder Sicht Platz hat. Die eigene Position ist unkorrigierbar. Dazu gehört ein dominant gewordener Eigenbezug, in dem sich ständig alles sofort um die eigene Person, das eigene Wertsein und die eigene Verletzlichkeit dreht.

Das erklärt auch die überaus *hohe Empfindlichkeit*, ein *zweites Merkmal*. Jedes kritische Wort eines anderen prägt sich sofort unauslöschlich ein und weckt tiefste Ängste, nicht großartig, nicht einmalig, nicht besser als die anderen zu sein.

Natürlich ist damit auch – als *drittes Merkmal* – ein eklatanter *Empathiemangel* verbunden. Die Gabe, sich in die Welt, in das Erleben, in Sicht und Verhalten eines ganz anderen Menschen hinein zu versetzen und mal von sich selber abzusehen, die Emotionen und Gedanken des anderen wahrzunehmen, zumindest versuchsweise anzunehmen, ist praktisch nicht vorhanden. Mitgefühl oder Mitleid empfindet ein Narzisst höchstens sich selber gegenüber. Allein ihm werde übel mitgespielt, ist die stereotyp wiederholte Behauptung.

Von da aus ist es nicht weit zu einer *Entwertung anderer - das vierte Merkmal: „Der Narzisst versucht, sich selbst aufzuwerten, indem er andere niedermacht."* (Haller, S, 52) Die anderen erscheinen in einem ganz und gar einseitigen, negativen Licht, geradezu als das Böse schlechthin.

Wenn wir fragen, wie es zu einer solchen Aufblähung des eigenen Ichs kommen kann, lassen sich vor allem *zwei Ursachen* benennen: Wem am Anfang des Lebens emotional zu wenig seine Einmaligkeit und Bedeutsamkeit vermittelt wurde, wird dies später oft durch eine *„Überkompensation"* auszugleichen versuchen. Da gibt es eine uralte narzisstische Wunde, die schmerzt und die es zu lindern gilt. *Umgekehrt* kann es sein, dass ein Kind von vornherein eine „Starrolle" ausfüllen muss, auf einen extraordinären Wert, eine herausragende Stellung programmiert, festgelegt wird. Mit der Zeit wird es sich daraufhin einrichten und diese exponierte Stellung immer wieder einfordern. Wer sollte sich mit weniger zufrieden geben, wenn er die „Starrolle" gewöhnt ist?

Das Verstehen einer narzisstischen Entwicklung und Prägung bedeutet aber nicht, dass Betroffene von der Aufgabe entlastet wären, an diesem Punkt zu einer Selbsterkenntnis und Veränderung zu kommen. Und selbstverständlich können die, die von der „narzisstischen Wut" anderer getroffen werden, nicht einfach nur stillhalten und alles hinnehmen. In den *„Regeln im Umgang mit Narzissten"* gibt R.Haller einige Hinweise dazu: hilfreich etwa ist ein selbstbewusstes *„Spiegeln"* (z.B.: findest Du das wirklich großartig? meinst Du echt, dass dies die einzig mögliche Sicht ist? ; welche anderen Perspektiven gibt es?) Nicht zu vergessen ist natürlich ein *rechtes* Maß an Lob. Wenn aber gar nichts mehr hilft, ist genügend Abstand angesagt: *„Die Lebensqualität wird einen Quantensprung machen, sobald wir auf große Distanz gehen zu einem unverbesserlichen Narzissten".*

Als persönlichen **kleinen Schlüssel** möchte ich zu bedenken geben: Keiner, keine ist sicher davor, in die Falle einer zu starken Selbstbezogenheit zu geraten. Da wir alle mit Defiziten leben müssen, bleibt der Rückgriff auf *„Überkompensationen"* immer eine latente Gefahr. Daher ist es hilfreich, sich selber hin und wieder auf narzisstische Anwandlungen hin zu überprüfen. Als Test kann dabei vor allem der Umgang mit Kritik dienen: sollten wir bei einer Kritik, die uns trifft, selbstbewusst und zugleich weiter auf den anderen bezogen bleiben, sind wir auf gutem Wege zu einer angemessenen „neuen Bescheidenheit". Selbstverständlich ist von der überzogenen eine adäquate, ganz natürliche „narzisstische" Seite zu unterscheiden. Jede, jeder darf mal im Mittelpunkt stehen, kann und soll sich mal hervortun und sich auch ein wenig sonnen in der Beachtung und Anerkennung, die ihm/ihr aufrichtig zuteilwird.

Und auch Religion und Glaube sind nicht sicher davor, auf die „schiefe Bahn" einer übersteigerten Selbstbezogenheit zu geraten. Die kann sich zeigen in auftrumpfender Rechthaberei und Unduldsamkeit gegenüber denen, die die eigene Überzeugung nicht teilen. Der Weg ist dann nicht weit zu einer unbarmherzigen Ausgrenzung und Verfolgung all derer, die sich der zum alleinigen Maß erklärten Sicht widersetzen.

Kontrapunkt und wie ein **kleiner Schlüssel** können auch viele Geschichten der Bibel sein, die uns vor Augen führen, wohin eine überzogene Selbstbezogenheit führt. Die christliche Haltung befürwortet durchaus eine angemessene, wohlwollende Zuwendung zum eigenen Selbst („Liebe deinen Nächsten wie dich selbst"), betont aber ebenso gleichwertig den anderen, dazu gehörenden Pol der Zuwendung, der Liebe zu den anderen, also einen weiten, barmherzigen Blick über sich selbst hinaus („was ihr getan habt einem von diesen meiner geringsten Brüder, das habt ihr mir getan").

Sich selbst und anderen nahe sein

Immer wieder einmal wird in Gesprächen leidenschaftlich die Frage gestellt: „Was ist mein Leben noch wert, wenn mir so vieles genommen ist, wenn das körperliche oder seelische Gleichgewicht angegriffen ist, wenn ich mich nicht mehr mit meiner Arbeit und Leistung zeigen und nützlich machen kann?" Die, die so fragen, haben meist das Gefühl, mit leeren Händen dazustehen, nichts mehr vorweisen zu können. Die Arbeit und Beschäftigung, die bisher große Bereiche des Lebens ausgemacht haben, fallen zu einem großen Teil aus. Hinzu kommt die Erfahrung: ich bin gar nicht unersetztlich. Andere übernehmen meine Arbeit, ziehen gar mühelos an mir vorüber. „Bin ich überhaupt noch bei irgendwem gefragt?"

Schwierige Lebenssituationen stellen oft neu und verschärft Fragen an uns und geben den Anstoß, nach „Schlüsseln" Ausschau zu halten, die vielleicht neue, bisher verschlossene oder auch vernachlässigte Räume unseres Lebenshauses aufschließen können. So kann auch die Erfahrung, mit leeren Händen dazustehen, auf das wirklich Grundlegende und Wichtige hinweisen. Und da geht uns vielleicht auf: auch wenn so vieles fehlt, das Leben muss dennoch nicht leer sein. Es gibt noch etwas anderes, was mein Leben lebenswert macht.

Und das sind in erster Linie wohl *Begegnungen* von Mensch zu Mensch, *Gemeinsamkeiten*, die wir entdecken und austauschen. Es gibt die Möglichkeit, sich auszusprechen, die Erfahrung, in einem Boot zu sitzen und Verständnis zu finden. Einfach sein, da sein zu dürfen, sich selbst und anderen nahe sein und dabei eigentlich mit nichts anderem mehr aufwarten zu müssen, das ist in sich so viel wert. Dass wir Interesse, ein Herz füreinander haben, mit anderen in Berührung kommen, uns gegenseitig Hinweise zum Leben geben, einander von unseren Erfahrungen erzählen, auch von

„Schlüsseln", die wir entdeckt haben, von „Türen", die sich öffnen können, das ist wichtig und bleibt.

Wir können dieses Fundament gewiss auch mit dem Wort „Liebe" andeuten. Manchmal sagt es auch jemand fast wie ein Resümee seines Lebens: „Ja, die Liebe ist doch das Wichtigste!" Dennoch gehe ich sehr vorsichtig mit diesem großen Wort um. Liebe wird oft romantisch so verklärt und aufgeladen, dass die Enttäuschungen vorprogrammiert sind. Mir sind andere Worte, *Synonyme, Umschreibungen für „Liebe"* fast lieber. Worte wie: *Aufmerksamkeit, Bejahung, Annahme, Zuneigung, Wärme; mit sich selbst und anderen befreundet sein; Gefühl, ein Herz haben für sich selbst und andere.* Solche Worte machen es mir leichter, „Liebe" dann auch wirklich im Alltag des Lebens wieder zu finden.

Unser Leben ist in sich schon wert mitten in solchen Erfahrungen des Annehmens, der Bejahung, der Freundschaft. Wichtig ist dabei, dass die *beiden* Pole - sich selbst nahe sein, annehmen, lieben *und* anderen nahe sein, wohl zu wollen, *gleichberechtigt* beieinanderbleiben.

Das sagt jemand z.B.: „Ich habe in meinem Leben bisher an alle und jeden gedacht, aber mein eigenes Leben habe ich vertrocknen lassen." Sich selbst auch im Blick zu haben, mit sich selbst barmherzig, liebevoll umzugehen, sich selber nahe und gut zu sein, das ist für viele keineswegs selbstverständlich. Sie müssen es oft erst mühsam lernen, dass sie durchaus auch ein Recht darauf haben, selbst für sich gut zu sorgen, auf ihre eigenen Wünsche und Bedürfnisse zu hören und nicht nur für andere da zu sein. Den Nächsten zu lieben „*wie sich selbst*" und also Barmherzigkeit auch gegenüber sich selbst zu üben, das ist eine ernste Aufgabe und hat nichts mit Egoismus zu tun. Wie ein **kleiner Schlüssel** wäre es daher auch hier, auf eine gute *Balance*, auf ein *Gleichgewicht* zu achten in der Liebe zu sich selbst und zu anderen. Beides ist gleich wichtig. Der Wert meines Lebens ist spürbar in der Nähe zu mir selbst, zu meinem Dasein mit seinen Begabungen und Möglichkeiten sowie seinen Schattenseiten. Und ich bin es wert, so wie ich bin, mich anderen zuzuwenden, auf andere zu achten, anderen Gutes zu tun.

Ein wichtiger **Schlüssel**, auf den ich immer wieder hingewiesen habe, ist die Offenheit dafür, sich von der Liebe Gottes berühren und tragen zu lassen. Wir sind nicht festgelegt nur auf unsere eigenen Begabungen und Grenzen der Liebe. In der Tiefe, auf dem Grunde unseres Lebens fließt immer auch dieser *Strom der Liebe Gottes*. Es ist wichtig, mit dieser Quelle in Verbindung zu bleiben. Auch wenn die Lebensumstände und das eigene Befinden bisweilen den Eindruck erwecken, die Liebe Gottes gehe an uns vorüber und wir geneigt sind, uns ganz vor der Liebe zu verschließen, kann es wichtig werden, langsam wieder kleinen Zeichen der Liebe zu trauen. Wir erleben sie schon bei Menschen, die uns Interesse, Zuneigung und Wärme entgegenbringen. Der Strom, die Wärme der Liebe kann wieder fließen, und wir spüren die Liebe Gottes wieder, die tief in unseren Herzen gegenwärtig ist. Unabhängig von aller Leistung ahnen wir, dass wir in der Tiefe geliebt sind und ergeben uns in diese Liebe Gottes.

Ein bekanntes *Lied* [45] bringt diese Verbundenheit mit der Liebe Gottes sehr schön zum Ausdruck: „*Liebe, die du Kraft und Leben, Licht und Wahrheit, Geist und Wort, Liebe, die sich ganz ergeben mir zum Heil und Seelenhort: Liebe, dir ergeb ich mich, dein zu bleiben ewiglich.*" - Die Liebe Gottes, die sich uns gibt und der wir uns ergeben, macht uns unabhängiger und freier, so frei, dass wir uns selbst und anderen auf neue Weise liebevoll nahe kommen können.

Das Band der Liebe

Liebe, das ist ein großes Wort und oft auch umstürzendes Erleben. Liebe lässt die Herzen höher und schneller schlagen. Etwas Aufrührerisches, Wunderbares, Emporhebendes, geradezu Berauschendes kann sie haben, vor allem im Zustand akuten Verliebt Seins. Aber auch tiefe Abstürze, Trennungen, Verwirrungen, Schmerzen, Kummer (Liebeskummer!) kann die Liebe mit sich bringen. Sie lässt sich auch nicht immer festhalten, ist dem Wandel der Zeiten und einem sich wandelnden Liebesverständnis unterworfen. Und nicht nur Wandlungen erleben wir bei der Liebe, bisweilen sprechen wir auch davon, dass eine Liebe ein Ende haben kann, dass *„das Band der Liebe"* zerbrochen, zerschnitten sein kann. Als Liebe von Menschen, die sie trotz aller Verzauberung und „himmlischen" Beglückung bleibt, ist sie wie alles Menschliche auch endlich, vergänglich.

Die gesamte Literatur- und Musikgeschichte führt uns nicht nur die sonnigen Abschnitte, sondern auch die Verwicklungen und Dramen der Liebe vor Augen, nicht um uns Schauergeschichten zu erzählen, sondern um uns ein Ein- und Mit-Fühlen mit den oft so unglücklich Liebenden zu ermöglichen. Wie bei kaum etwas Anderem können wir diese Spannung, der die Liebe nicht enthoben ist, als eine grausame Zumutung empfinden. Wir suchen die Liebe oft ein Leben lang, dürfen sie auch in wunderbaren Augenblicken unseres Lebens durchaus erfüllt erleben, und doch bleibt uns die Erfahrung, dass wir sie - bisweilen auch viel zu früh - loslassen müssen oder verlieren können, nicht erspart.

Hilfreich, wie ein **„kleiner Schlüssel"**, sind für mich – gerade bei einem so großen Stichwort – wieder *Unterscheidungen, Differenzierungen*. Während es z.B. in der deutschen Sprache nur das eine Wort Liebe gibt, mit dem sehr unterschiedliche Erscheinungsformen der Liebe bezeichnet werden, kennt die alte griechische Sprache gleich drei Wörter für die Liebe: *einmal: Eros*, die erotische

Liebe, die körperlich-seelische Anziehung etwa von Mann und Frau, das seelische und sexuelle Begehren des anderen; *sodann: Philia,* die freundschaftliche Zuneigung und Liebe, die Zuwendung befreundeter Mitmenschen ebenso wie unsere Zuneigung zu dem Freund oder der Freundin. Und *schließlich: Agape:* das tiefe liebende Wohlwollen anderen gegenüber, auch ein aktives liebendes Tun und fürsorgliches Handeln. Im Letzten auch die Liebe Gottes, mit der er uns und wir ihn lieben.

Im Grunde können wir noch viele weitere Spielarten oder unterschiedliche Arten des Erlebens der Liebe beschreiben: die *Selbst-Liebe,* der liebevolle, wohlwollende Umgang mit sich selber oder *das Mit Sich Selbst Befreundet Sein* als Voraussetzung, auch anderen sich wohlwollend zuzuwenden; die *romantische* Liebe auf der *sehnsüchtigen* Suche nach ihrer Erfüllung; die Liebe als *mystisches* Erleben des Eins-Seins oder Eins-Werdens, auch als *Symbiose,* als Verschmelzung der Getrennten; die *Liebe der Eltern* zu ihren Kindern *und der Kinder* zu ihren Eltern; die liebevolle Beziehung von *Großeltern und Enkelkindern.*

Auch die Liebe zu einer *Tätigkeit,* die Begeisterung bei einer *Arbeit,* die Liebe zum *Beruf* oder auch zu einem *Hobby* ist zu unterscheiden; ebenso die Liebe zur *Natur,* zum Wandern etwa, zu *Tieren* und *Pflanzen;* die Liebe zum *Sport* und zu Gruppen oder Vereinen, denen wir angehören oder denen wir verbunden sind, gehört dazu; auch die *Liebe zum Wort,* zum Schreiben, zum Lesen, zu einem Gedicht, einem Roman oder zu einer mehr philosophischen oder religiösen Betrachtung. Und vor allem auch die *Liebe zur Kunst und zur Musik,* die uns in vielfältigen, unterschiedlichen Weisen in ihren Bann ziehen kann.

Und schließlich *die Gottesliebe,* die wir als Liebe nicht nur zu einem uns Übersteigendem erleben können, sondern auch als die Liebe des barmherzigen Vaters, die uns Jesus nahe gebracht hat. Es ist immer auch unsere Liebe zu diesem „Vater im Himmel", der uns Grund, Halt, Ziel, Orientierung im oft verwirrenden Lauf des

Lebens, nicht zuletzt in den „Irrungen und Wirrungen" der Liebe, geben kann.

Wenn wir die Liebe auch zumeist im Sinne einer Beziehung von Mann und Frau, von Mensch zu Mensch, verstehen, tut es uns doch gut, all diese *vielen, unterschiedlichen* Erscheinungsformen oder Verwirklichungen der Liebe zu bedenken und somit zu einem *sehr bunten Bild der Liebe* zu kommen. Es gibt halt nicht nur die eine „große Liebe", sondern noch viele andere Möglichkeiten der Liebe. Und wenn es an einer Stelle mit der Liebe schwierig wird, dann ist es hilfreich, auch auf die vielen anderen Möglichkeiten der Liebe zu schauen.

Ein weiterer **kleiner Schlüssel** ist für mich die Einbeziehung der uns transzendierenden Gottesliebe in unser Leben. Wir brauchen nicht alle Liebe von uns selber und von anderen erwarten oder gar fordern! Wir werden immer mit unseren Möglichkeiten der Liebe an Grenzen geraten. Da tut es gut, dem absolut liebenden Gegenüber Gottes zu vertrauen, sich ihm zuzuwenden, sich von ihm Annahme, Liebe schenken zu lassen. Das gibt unserer Liebe nicht nur eine Hoffnung über unsere Grenzen hinaus, sondern auch den Mut, unbeirrt unsere Möglichkeiten der Liebe beherzt zu verwirklichen.

Und *noch Eines* möchte ich zu bedenken geben. Während wir sonst ein uns transzendierendes Erleben, Gott oder das Ewige keineswegs immer mit bedenken, ist das bei der Liebe manchmal anders. Schneller können wir da sogar von einem *„ewigen Band der Liebe"* sprechen. Aber ist die Liebe wirklich das eine oder gar das einzige Band, das durch die Endlichkeit des Menschen nicht durchschnitten wird?

Als **kleiner Schlüssel** erscheint mir auch hier die Gabe der *Unterscheidung* wichtig: Selbstverständlich ist es für Angehörige eines Verstorbenen hilfreich und tröstlich, in liebenden Erinnerungen und Gedanken sich weiter mit dem Verstorbenen verbunden zu fühlen und sie oder ihn auf diese Weise in das reale Leben weiter mit hinein zu nehmen , z.B. im Sinne von Fragen: Was hat er oder sie mit seiner/ihrer Liebe mir geschenkt, das mir keiner mehr nehmen kann? Was würde er/sie jetzt dazu sagen, überhaupt mir sagen können, zu bedenken geben? Worauf könnte sie/er mich aufmerksam machen? Wovor könnte er/sie mich warnen? So kann auf vielfältige Weise ein Mensch, der nicht mehr bei uns ist, dennoch bei uns sein, uns begleiten. Ja, *in der Hoffnung* können wir uns danach ausstrecken, darauf warten und hoffen, dass wir einmal auf eine ganz neue Weise in einem ewigen Leben wieder vereint sein werden. - Andererseits ist darauf zu achten, die sehr schmerzliche Trennung eines menschlichen Liebesbandes nicht – auch nicht mit spirituellen Gedanken – zu schnell zu übergehen. Auch die größte Liebe unter Menschen bleibt zunächst eine Liebe auf Erden. Ein quasi reales Weiterleben der liebenden Beziehung auch nach der Trennung durch den Tod könnte dazu führen, die Gegenwart nur noch entleert und wie sinnlos anzusehen und nichts mehr Neues, Lebens- und Liebenswertes zu erwarten. Auch andere, neue Menschen hätten dann kaum noch eine Chance. Alle und alles würde nur unter dem Blickwinkel des oder der schmerzlich Vermissten gesehen.

Wichtig und hilfreich wäre statt dessen, die Trauer um den verlorenen Menschen zuzulassen, das Verlorene zu betrauern, sich die eigenen Gefühle des Alleinzurückbleibens, der Einsamkeit zuzugestehen und in einem langsamen Prozess sich auch wieder neuen Lebens-und Liebens- Möglichkeiten zuzuwenden. Mit dem oder der Verstorbenen wird uns dann weiterhin, tief innen drin, durchaus *„ein Band der Liebe"* verbinden, sie werden uns unsichtbar begleiten, stärken und schützen.

Eingeladen

Eine Einladung zu erhalten oder auch selber auszusprechen ist zumeist etwas Angenehmes. Etwas Besonderes steht an: ein Geburtstag, eine Feier, ein Jubiläum, eine Verabschiedung, ein Familienfest, eine Taufe, eine Hochzeit. Gelegenheiten gibt es so viele. Werden wir eingeladen, brauchen wir uns, außer vielleicht ein passendes Geschenk auszusuchen, nicht so viel Mühe geben. Der Termin ist fest vermerkt und schon vorher sind wir mit unseren Gedanken ein wenig dabei. Es ist ein schönes Gefühl, eingeladen, willkommen zu sein. Wir freuen uns darauf, Menschen wieder zu treffen, die wir länger nicht gesehen haben. Da gibt es vielleicht jemanden, mit dem wir uns schon immer exzellent verstanden haben, mit dem zusammen sofort gute Stimmung aufkam und wir dann gleich mit einem kleinen Scherz beginnen können.

Seltener wird es wohl vorkommen, dass uns etwas mulmig wird beim Gedanken an ein Wiedersehen mit jemandem, auf den oder die wir nicht so gut zu sprechen sind. Aber es sind ja noch viele andere da und es gibt auch kluge Ausweichmanöver. Noch spannender wird es sein, wenn wir selber die Einladenden sind und es viel vorzubereiten, zu bedenken, zu planen gibt.

Selber einzuladen und eingeladen zu werden, das hat aber noch eine tiefere Bedeutung und geht weit über die uns bekannten Einladungssituationen hinaus. Schon bei einem ganz kleinen Kind spielt es eine große Rolle, ob dieses Kind wirklich von ganzem Herzen gewünscht, willkommen geheißen, angenommen, zum Leben grundsätzlich und zum Leben mit den ihm nahen Menschen eingeladen ist. Die Worte, die Gesten und Zeichen, die Berührungen, die Liebe und Zärtlichkeit, mit denen ein Kind im Leben begrüßt wird und die ihm kontinuierlich, verlässlich mit

Freude geschenkt werden, sind eine gelebte Einladung zum Leben, die sich tief in der Seele des Kindes einbrennen und ihm helfen wird, die Wege seines Lebens zufrieden und beherzt zu gehen.

Leider gibt es viele Menschen, die diese Grund-Erfahrung, im
Leben willkommen und herzlich eingeladen zu sein, kaum oder
viel zu wenig machen konnten. Oft wird ihr Leben dann ein einziger Kampf um ihren Platz im Leben, ein Kampf um Anerkennung,
Beachtung, Akzeptanz, Liebe. Bleibt der Kampf erfolglos, kann
sich das Gefühl verstärken: ich bin gar nicht eingeladen, willkommen, bin gar nicht wirklich im Blick. Wenn andere vorgezogen
werden, wenn die Eltern oder andere sich für alles und jeden Zeit
nehmen, nur nicht für mich, wenn ich ihr Interesse an mir nicht
wirklich spüren kann, dann ist das Gefühl, ausgeschlossen zu sein,
sehr verständlich, nachfühlbar und wird eine schmerzliche
Wunde in mir hinterlassen. Da die kindlichen Erfahrungen sehr
prägend sind, können sich solche Gefühle – positiv wie negativ –
auch sehr viel später „bei passender Gelegenheit" wieder melden,
wie ein Tonband, wie eine gespeicherte Grundmelodie, die sich fast wie
von selbst wieder einspielen und mich gefangen nehmen kann.

Ein **kleiner Schlüssel** ist für mich hierbei wieder eine gewisse
Selbstachtsamkeit: Wie war das, ist das bei mir? Was fällt mir ein,
woran denke ich, was empfinde ich bei den Worten Einladung,
Willkommen Sein? Fühle ich mich überhaupt zum Leben eingeladen? Kenne ich auch das Gefühl, wie ausgeschlossen, ins Abseits
gestellt zu sein oder mich selber zu stellen? Wen lade ich ein? Wen
schließe ich aus?

Weitere **kleine Schlüssel** möchte ich nennen:

Die ungeschminkte Einsicht in die realen Verhältnisse ist nie
verkehrt: So ist ganz einfach damit zu rechnen, dass Menschen einerseits eine Einladung gern annehmen, sie andererseits aber auch
ablehnen können. Wir selber können Einladungen beachten, wertschätzen. Wir können uns darüber freuen, dankbar dafür sein.

Doch ebenso können wir sie auch mal absagen oder links liegen lassen, wenn es gute Gründe gibt, diese Einladung jetzt nicht wahrzunehmen.

Hilfreich ist es, sich mit einer Einladung, die an uns ergeht oder auch nicht ergeht, nicht zu sehr zu identifizieren. Denn ich kann mir ja auch selber geeignete Situationen suchen, die ich wie eine Einladung, wie etwas sehr Erfreuliches empfinde: ein Spaziergang in der Frühlingssonne lädt mich ein, am überall neu aufbrechendem Leben teilzunehmen. Ein Treffen mit einer Freundin, mit einem Freund, ein Kino- oder Theaterbesuch, ein Konzert eröffnet mir Möglichkeiten, mich eingeladen, willkommen geheißen zu fühlen. Eine Musik, ein Klavierkonzert, eine große Sinfonie, ein Song wird auch für mich gespielt. Ich bin eingeladen, die Musik zu hören, sie in mir klingen zu lassen, mich dazu gehörig zu fühlen

Dann und wann ist es gewiss trotz der Mühen, die es bereitet, auch sehr schön, selber einzuladen, ein Fest zu feiern, zu gestalten, sich zu freuen an der Resonanz, die es findet. Schon zuvor kann man sich vielleicht in eine gehobene Stimmung versetzen, indem man sich das herrliche Couplet des Fürsten Orlofsky aus der *„Fledermaus"* von *Johann Strauss* anhört: *„Ich lade gern mir Gäste ein. Man lebt bei mir recht fein. Man unterhält sich, wie man mag, oft bis zum hellen Tag...."* Natürlich sind da auch ganz andere musikalische Einstimmungen denkbar.

Die aktive Rolle des Einladenden kann ich aber auch ganz ohne ein Fest einer einzelnen Person gegenüber wahrnehmen, einfach indem ich sie bedenke, einbeziehe, ihr Aufmerksamkeit schenke, etwas Gutes tue.

Hilfreich ist es, sich ab und zu die Freiheit zu nehmen, sich auch mal aus einer *gemeinsamen* Einladung oder Unternehmung heraus zu halten, sich sozusagen mal auszuschließen, wenn einem momentan ganz und gar nicht nach dieser Einladung oder diesem

Event zumute ist. Ein solch selbst gewähltes Abstandnehmen kann auch mal eine Option sein. Wer sagt denn, dass wir immer auf allen Hochzeiten mittanzen müssen?

Besonders wichtig scheint es mir, sich nicht zu sehr von den Einladungen oder Ausschlüssen anderer abhängig zu machen. Die letzte, unbedingte Einladung zum Leben ergeht nach meinem Verständnis noch von ganz anderer Stelle aus. So kann ich mir durchaus vorstellen, dass ich grundsätzlich eingeladen, willkommen geheißen bin vom Leben, von einer Instanz, die ein unbedingtes Ja zu mir sagt und will, dass ich lebe und die mir gegebenen Gaben - soweit es mir möglich ist – entfalte.

Eine gute Übung ist es auch, sich hin und wieder im Spiegel von Geschichten, Märchen, Erzählungen, Gedichten oder Bildern zu sehen und diese daraufhin zu befragen, welche Situationen einer Einladung sie uns vor Augen führen. Denken wir etwa an die *Geschichte vom großen Abendmahl.* (Lukas 14, 15-24) Da erzählt Jesus in einem Gleichnis: Ein Mensch lud viele ein zu einem großen Abendmahl und ließ ihnen ausrichten: *„Kommt, denn es ist alles bereit!"* Hart daneben steht: *„Und sie fingen an alle nacheinander sich zu entschuldigen."* Der über die Absagen erzürnte Hausherr lädt schließlich ganz andere Leute ein. Sein Abendmahl findet auf jeden Fall statt, auf *„dass sein Haus voll werde".*

An welcher Stelle des Gleichnisses fühlen wir uns mit angesprochen, wo könnten wir mit vorkommen? Kann es sein, dass auch wir zu den Eingeladenen gehören? Oder sind auch wir so beschäftigt, dass wir eine solche Einladung gar nicht mehr hören, nicht mehr auf sie antworten würden?

Das Geheimnis der Berührung

„Es hat mich sehr berührt, was du mir gestern erzählt hast" – so sagen wir vielleicht, wenn uns das Berichtete nahe gegangen ist, eine Resonanz, einen Wiederklang in uns gefunden hat, wir darüber nachgedacht haben und es eventuell auch mit eigenen Erfahrungen verbinden konnten.

So vieles kann uns auf diese Weise berühren: eine Stimme, gesprochen oder auch gesungen; eine Musik, ein Lied, ein Bild, ein Gedicht, eine besondere Stelle in einem Theaterstück; eine Stimmung draußen in der Natur; ein Mensch, den wir interessant, anziehend finden; eine Geste der Verbindung und Solidarität: Arm in Arm können da selbst Staatsoberhäupter einander nahe kommen. Berühren kann mich eine Kritik, ein heftiger Widerspruch oder Protest. Eine Predigt kann berühren, wenn es ihr gelingt, einen Bogen zu schlagen von zunächst sehr fremden oder rätselhaften Worten hin zur eigenen Lebenswirklichkeit.

Von dieser mehr symbolischen Bedeutung der Berührung möchte ich die *körperliche Berührung* unterscheiden. Da sie einem Menschen noch näher kommt, ist sie für viele auch schwieriger, ambivalenter oder gar problematisch. Viele Gründe mag das haben:

Da mit der Berührung der Pol der Nähe zum Zuge kommt, ist es nur verständlich, wenn auch der andere Pol – Abstand, Distanz – ebenso beachtet und gelebt werden will. Keine noch so erwünschte, genossene Nähe - körperliche wie auch geistig-seelische - kann auf Dauer gleichbleibend erhalten werden. Immer wieder werden auch andere Zeiten der Loslösung, des Abstandes, der Trennung und des Alleinseins folgen. Neben dieser Lebensdynamik und dem Wechsel der Lebenssituationen gibt es bei vielen

Menschen auch einen signifikanten Mangel an zutiefst wohlwollenden körperlichen Berührungen. Auch Kinder erfahren nicht nur liebevolle Nähe und Berührung, sondern auch – für sie oft unverständlich und sehr frustrierend – Verweigerung von Nähe, von körperlicher Verbindung.

Hinzu können kommen unreflektiert übernommene, verinnerlichte Erziehungs- und Wertvorstellungen, die einer kritischen Überprüfung, Anpassung und Veränderung nicht mehr zugänglich werden. So gab es Zeiten, in denen es erwünscht oder gar geboten erschien, selbst ganz kleine Kinder nur nicht mit zu viel körperlicher Nähe zu überschütten und damit zu schwächen, wie man meinte. - Dabei ist doch eigentlich völlig klar, dass man vor allem ganz am Anfang des Lebens mit körperlicher Nähe und Berührung so gut wie immer goldrichtig liegt!

Sodann ist Berührung auch im ganzen weiteren Lebenslauf immer ein höchst wichtiger und sensibler Punkt. Unser Körper ist uns am nächsten und in ihm sind wir auch sehr verletzbar. Wie oft wird der Respekt vor anderen, vor ihrer körperlichen Unversehrtheit missachtet. Wie oft kommt es da zu Übergriffen und Missbräuchen!

Solche Schwierigkeiten mit Berührung und Nähe erleben wir leider an vielen Stellen. Und doch werden wir uns dadurch nicht den **kleinen Schlüssel** unserer Überzeugung aus der Hand nehmen lassen: Berührung tut gut, ist ungemein hilfreich, beruhigend und tröstlich – oft viel mehr noch als Worte es vermögen. Zwei Beispiele möchte ich nennen:

Ein Kind ist wütend, macht einen Riesen-Aufstand, weil die schöne Zeit des Spielens auf dem Spielplatz beendet werden muss. Bei aller Dramatik des Aufstandes behält die Mutter die Nerven, bleibt ruhig und sagt dem Kind nach einiger Zeit nur drei Worte: „Komm mal her!" und nimmt es dann in die Arme. Langsam kann sich das Kind beruhigen und es wird klar: es wird doch recht bald schon wieder mal so eine schöne Spielzeit geben können. Der Wendepunkt wurde möglich durch die Umarmung, durch die Berührung, die eine Beruhigung und Vergewisserung eröffnete und so ein Hochschaukeln des Konflikts vermied.

In der Seelsorge berichtet eine Frau von schweren Verletzungen, die ihr zugefügt wurden. Alles Erzählte ist zunächst wie hinter einem Schleier, verdüstert und ganz ausweglos, sodass auch das Gespräch sich zu erschöpfen und stecken zu bleiben droht. Ich frage die Frau, ob ich mich neben sie setzen und eine Hand auf ihren Rücken legen darf. Sie ist einverstanden - und nun bricht der ganze Sturm der Gefühle, all die Klage, die Verzweiflung und der Zorn ganz nahe spürbar aus ihr heraus. - Wieder war es die gewagte Berührung, die die Wende einleitete. Die Frau war in diesem Augenblick – körperlich spürbar - mal nicht allein mit ihren Verletzungen und konnte ein wenig aufleben, auch mit der Hoffnung, dass diese neue Erfahrung kein Einzelfall bleiben musste und sie auch selber für neue gute Erfahrungen mit sorgen konnte.

Wenn nun Berührungen möglich und ohne Zweifel oft hilfreich sind, *warum* ist und bleibt Berührung dann dennoch *ein „Geheimnis"*? Mit dem Wort Geheimnis möchte ich andeuten, dass Berührung letztlich immer unverfügbar bleibt, nicht machbar. Sie kann nur erspürt, gewagt und beherzt ergriffen werden ohne ganz verlässliche Sicherheiten. Zu ihr gehört Mut, sowohl sich selber berühren zulassen als auch andere zu berühren, der Mut auch, eigene Verletzungen einzugestehen, anzusehen und dann nicht bei ihnen stehen zu bleiben, sondern nun gerade, trotzdem selber neue Berührungen zu wagen. - *„Geheimnis"* bleibt eine Berührung auch dadurch, dass in ihr die Berührung durch ein noch größeres Geheimnis spürbar, transparent werden kann.

Als **kleinen Schlüssel** möchte ich nennen: auch *in der Bibel* können wir an manchen Stellen *etwas erfahren von der heilsamen Kraft der*

Berührung. Wenn es z.B. in *Psalm 23*, V.5 heißt: *„Du salbest mein Haupt mit Öl"*, so schließt dies ja die körperliche Berührung ein.

Das Neue Testament berichtet im *Jakobusbrief (5, 14-15):*

„Ist jemand unter euch krank. Der rufe zu sich die Ältesten der Gemeinde, dass sie über ihm beten und ihn salben mit Öl in dem Namen des Herrn...   Und das Gebet des Glaubens wird dem Kranken helfen und der Herr wird ihn aufrichten..."

Angeknüpft haben die ersten Gemeinden dabei an die *Praxis Jesu* selbst, an seinen Umgang mit Kranken und Verzweifelten. Ganz offensichtlich hat Jesus sich nicht vor Berührungen gescheut und sie geradezu therapeutisch eingesetzt.

Anselm Grün [46] weist auf *vier Schritte* bei den Heilungen Jesu hin: 1.) Das Mitleid, das Mitgefühl mit dem Kranken 2.) Die Aufnahme einer Beziehung zu ihm 3.) So wie Jesus aus seinem Ruhen in Gott keine Angst vor Berührung hat, können auch wir - mit dem „inneren Raum der Stille" in Kontakt - uns auf Berührungen einlassen. 4.) Wenn der Kranke in solcher Berührung Annahme erfährt, kann er sich auch der Aufgabe stellen, „Ja" zu sich selber zu sagen, sich selbst und andere anzunehmen.

So lässt sich insgesamt sagen: Dem Geheimnis der Berührung nahe zu kommen, es an sich herankommen zu lassen, Berührungen ins Leben einzubeziehen, macht uns lebendig und zu ganzen Menschen. Sich berühren zu lassen und andere zu berühren, das macht Sinn, auch wenn es manchmal ein Risiko ist, das gewagt werden will.

„Sein wie die Träumenden"

Es könnte schwer fallen, die Träume nur unter dem Gesichtspunkt eines *„kleinen"* Schlüssels zu betrachten. Sind sie nicht geradezu *„große"* Schlüssel für den, der gelernt hat, sie in sein Leben mit hinein zu nehmen, über sie nachzudenken, mit anderen darüber zu sprechen, auf ihre möglichen Botschaften zu hören?   - Dennoch ist es mir lieber, auch bei dem großen Thema der Träume eher auf einen *„kleinen Schlüssel"* zu achten, der hilfreich sein kann, *„selbst eine schwere Tür"* zu öffnen.

Eine *„schwere Tür"*, das sind wir paradoxer Weise zunächst oft selbst mit unserer Einstellung zu den Träumen. Noch immer hat es sich für viele nicht herumgesprochen, dass wir, wenn wir die Gesamtpersönlichkeit betrachten, nur die „Spitze des Eisbergs" kennen. Etwa sechs Siebtel der menschlichen Psyche liegen im Unbewussten verborgen. *Träume*, so lehrten Sigmund Freud und C.G. Jung, können *der „Königsweg"* sein zu diesem unbekannten Land in uns. Dennoch sehen weiterhin viele verächtlich auf die Träume herab, sehen sie als „Schäume", als Phantasiegebilde an, die in der Realität wie Seifenblasen zerplatzen. Für ein waches Leben, so sagen sie, gelten andere Gesetze. Außerdem seien "Träumer" nicht lebenstauglich.

Ein **kleiner Schlüssel** ist es da für mich geworden, sich von der Psychologie her in dieser rein zweckrationalen Betrachtung des Lebens in Frage stellen zu lassen. Denn es lohnt sich, sich mit der Sprache der seelischen Bilder und Symbole in Träumen, in Märchen, Mythen und Erzählungen vertraut zu machen. Es ist eine Sprache, die man erst mühsam wieder lernen muss. Wenn man beginnt, sie zu verstehen und auf die oft verborgene Botschaft der Träume zu hören, gewinnen wir viel. Wir lernen uns selber besser kennen und aus den bisher unbewusst gebliebenen Bereichen unserer Persönlichkeit können neue Impulse in unser bewusstes Leben fließen, die uns erfrischen und bereichern.

(Es gibt viele Bücher über Träume und Traumdeutung, die helfen können, unseren Blick zu weiten und uns in die oft rätselhafte „Sprache" der Träume einzuführen.) [47]

Kundig werden wir aber vor allem, wenn wir selber *mit unseren eigenen Träumen freundlicher, interessierter und lernbereiter umgehen*, wenn wir danach fragen, was sie uns heute möglicher Weise sagen wollen. Beginnen kann es damit, dass wir am Abend ein Blatt Papier mit Stift bereit legen, um beim Aufwachen in der Nacht oder am Morgen einige Stichworte zu den Träumen, an die wir uns erinnern können, aufzuschreiben. Eine gute Übung ist es auch, mal für eine Zeit ein „Traumtagebuch" zu schreiben, die Träume und auch unsere Gedanken und Assoziationen dazu zu notieren, sie einmal oder auch mehrfach durchzugehen. Wenn sich eine Partnerin oder ein Partner darauf einlässt, ist es bestimmt hilfreich, gemeinsam über die Träume zu sprechen und sich über die Gedanken dazu auszutauschen.

Die wohlwollende Aufmerksamkeit für Träume bereichert unser Leben. Unsere bewussten Einstellungen werden vertieft, ergänzt, erweitert. Aspekte, die der rationalen Sicht fehlen, werden sozusagen mit den Träumen „nachgereicht". Nicht zu unterschätzen ist dabei auch *die kritische Funktion vieler Träume*. Sie halten dem Träumer einen Spiegel vor und sagen ihm: „So bist du (auch)"! Oft wiederkehrende Träume fordern dazu auf, sich mit bestimmten Themen oder Konflikten intensiver zu beschäftigen, Bestehendes zu hinterfragen, ob es heute noch das Richtige für uns ist und auch nach neuen, jetzt vielleicht passenderen Lösungen Ausschau zu halten. - *C.G. Jung* wies einmal darauf hin, die Träume nicht nur (kausal) als Abbild früherer Erlebnisse zu verstehen, sondern in den Träumen auch *final* künftige Entwicklungs- und Lösungsmöglichkeiten zu entdecken.

Dazu in kleines Beispiel: Jemand träumt in vielen Variationen immer wieder davon, dass er nach langen Jahren wieder an seine frühere, erste Arbeitsstelle zurückkehrt, um dort noch einmal neu zu beginnen. Bis in viele Details hinein kann er beschreiben, wie dieser „Neuanfang" dann aussieht. - Schon *mit einigen Fragen* kann man sich einem solchen Traum *annähern*: Worauf blickt der Träumende im Traum zurück, ist es nur die frühere Arbeitsstelle? Oder ist das große Thema von Abschied und Neubeginn auch sonst, vielleicht gerade jetzt, in seinem Leben akut und brisant? Besteht vielleicht eine Gefahr, neu Anstehendes nur im Alten, das doch so schön war, zu suchen? Sollten nicht vielmehr neue Aspekte ins Leben heute aufgenommen werden? Welches neue Kapitel etwa könnte er noch im Buch seines Lebens schreiben? Woher kommt die Sehnsucht nach dem Alten? Ist der Schmerz eines Abschieds oder einer Trennung noch stark und bedarf vielleicht zuerst einer Bearbeitung? Auf eine solche Weise wird die Beschäftigung mit einem Traum Bewegung ins Leben bringen mit dem Impuls zu neuem Fühlen, Denken und Handeln. Wichtig ist dabei, aufgeschlossen zu sein für neue Aspekte, die noch nicht im Blick waren und die uns gerade ein Traum vor Augen führen kann.

Ein **kleiner Schlüssel** kann es auch sein, *in Träumen eine von uns viel zu sehr unterschätzte und vernachlässigte „Sprache Gottes" zu sehen. Eugen Drewermann* [48] *sagt: „Die Träume des Menschen für wahrer zu nehmen als die sogenannte »Realität«, ist der Ursprung aller Religiosität."*

Abschließend noch *ein Blick auf Psalm 126, V. 1-3:*

„Wenn der Herr die Gefangenen Zions erlösen wird, so werden wir sein wie die Träumenden. Dann wird unser Mund voll Lachens und unsere Zunge voll Rühmens sein. Dann wird man sagen unter den Heiden: Der Herr hat Großes an ihnen getan! Der Herr hat Großes an uns getan; des sind wir fröhlich."

Das „*Sein wie die Träumenden*" bringt der Psalm in Zusammenhang mit der Erlösung der Gefangenen. Vom *Lachen* und „*Rühmen*" ist die Rede, davon, dass „*der Herr Großes an uns getan hat*" und wir fröhlich darüber sind. - Die Frage kann sich stellen: Werden auch wir – „gefangen" in unserer engen rationalen Sichtweise – manchmal „erlöst"? Können auch wir fröhlich darüber sein, dass „der Herr Großes an uns tut" – vielleicht indem er in Träumen bisweilen auch zu uns spricht?

„Von guten Mächten wunderbar geborgen"

Vielen Menschen ist es vertraut, sie haben es bei sich auf einer kleinen Spruchkarte oder tragen es auch ganz in sich: das Gedicht oder auch Lied von *Dietrich Bonhoeffer*[49] vor allem mit seinem letzten Vers:

„Von guten Mächten wunderbar geborgen, erwarten wir getrost, was kommen mag. Gott ist bei uns am Abend und am Morgen und ganz gewiss an jedem neuen Tag." (V.7)

In schwerer Zeit, im Gefängnis, hat Bonhoeffer dieses Gedicht oder Gebet seiner Braut und den Eltern als „Weihnachtsgruß" zukommen lassen. In einem Begleitbrief spricht er von der Verbindung mit den Angehörigen, die immer ganz gegenwärtig sind, von Gebeten, guten Gedanken, Bibelworten, Gesprächen, Musikstücken, „ein großes unsichtbares Reich". Er erinnert sich auch an die Engel im Kinderlied: „zweie, die mich decken, zweie, die mich wecken" als „Bewahrung am Abend und am Morgen durch gute unsichtbare Mächte", etwas, „was Erwachsene heute nicht weniger brauchen als die Kinder".

Als ermutigendes, aufrichtendes und tröstendes Lebens-Wort hat der bekannte Vers Bonhoeffers vielen Menschen auch in ihren schweren Zeiten zur Seite gestanden, sie begleitet. Sie ahnen in diesen Worten etwas von dem, was ihnen trotz aller Widrigkeiten des Lebens geschenkt wird an Geborgenheit und Hoffnung. Sie spüren, sie wissen Gott nahe „am Abend und am Morgen und ganz gewiss an jedem neuen Tag". Dieses Vertrauen auf Gottes Nähe ist immer auch gefährdet. Im Blick zurück auf Vergangenes, Belastendes sagt Bonhoeffer:

„Noch will das alte unsre Herzen quälen, noch drückt uns böser Tage schwere Last. Ach Herr, gib unsern aufgeschreckten Seelen das Heil, für das du uns geschaffen hast." (V.2)

Es gibt alte Lasten, alte, nur kaum verheilte Verletzungen, Wunden, die wieder aufbrechen können. Es gibt böse Tage, böse Worte, böse Mächte, gegen die wir uns manchmal nur schwer wehren können: Eine Sucht etwa, deren zerstörerische Macht immer deutlicher wird; weggeschobene, verdrängte Schuld; Fehler, die wir uns und andere sich nicht eingestehen; in den Hintergrund gedrängte Aggressionen, Wut auf andere, die wir nicht zulassen und die sich dann in Aggressionen gegen uns selbst verkehren kann; die „böse Macht" einer Unversöhnlichkeit und Rache, die das Böse immer nur bei anderen sucht; oder auch die Macht der Angst, die viele tief erschreckt, „aufgeschreckt" hat und sie nicht dazu kommen lässt, ihre Lebensmöglichkeiten zu entfalten.

Angesichts dieser Mächte ist der Blick auf die andere Seite, auf den anderen Pol, auf die *„guten Mächte"* so wichtig. Gute Mächte gibt es wohl, sichtbare und unsichtbare: Manchmal ist es ganz einfach *ein Mensch*, den Gott uns schickt. Einer, der gerade zur rechten Zeit kommt, bei uns ist, ein Stück mit uns geht, uns Gutes, Hilfreiches sagt, uns ermutigt und aufrichtet, uns auch kritisch die Wahrheit sagt, uns auf den rechten Weg weist. Durch einen solchen Menschen hindurch kann die „gute Macht", die Nähe Gottes, transparent werden, durchscheinen. Wir werden berührt, unsere *„aufgeschreckte Seele"* kann wieder zur Ruhe, zu ihrer Mitte finden.

Die „gute Macht" des *Gebetes* haben auch heute viele Menschen wieder für sich entdeckt. Das Gebet vor allem auch als *Fürbitte* für uns selbst und für andere. Gerade dass andere Menschen für uns beten und wir auch darum bitten, eröffnet einen Raum wunderbarer Geborgenheit. Immer wieder werde ich von anderen gebeten, für sie zu beten. Und andere tun es ebenso für mich. Diese wechselseitige Fürbitte kann ein Licht in unsere Dunkelheiten bringen, kann dazu führen, dass wir mit Bonhoeffer wieder sagen können: *„Wir wissen es, dein Licht scheint in der Nacht." (V.5)*

Gute Mächte", das sind auch *Zeichen, Signale,* kleine Aufmerksamkeiten, mit denen wir die Verbindung, die „Brücke" zueinander stärken. Sie kommen an, sie wirken sich aus und tragen mit dazu bei, dass wir „behütet und getröstet" auf das zugehen, was uns erwartet. - *„Gute Mächte"* deuten immer auch hin auf die *Stärken,* auf die Möglichkeiten und Chancen, auf die Kräfte, die „Ressourcen", die in uns stecken. Das Buch, das wir mit unserem Leben schreiben, hat noch viele offene Seiten. Das Bild unseres ursprünglichen, von Gott gemeinten Lebens kann und soll noch deutlicher in Erscheinung treten.

Für viele Menschen verdichten sich die *„guten Mächte"* auch im *Bild der Engel.* Sie wissen sich begleitet von der starken Macht der Engel und wagen es auch, ihren Schutz, ihre Begleitung für sich und andere zu erbitten. Eine gute Bekannte, die schon viele gesundheitliche Krisen durchgestanden hat, hat bei sich zu Hause eine ganze kleine Schar von Engeln gesammelt und zu einer liebevollen Komposition zusammengestellt. Die „gute Macht", die für sie in diesen Engeln aufscheint, stärkt sie und hilft ihr.

Wie ein **kleiner Schlüssel** kann es also sein, die *„guten Mächte"* in dem Bild der Engel anzuschauen und für sich in Anspruch zu nehmen. Meist habe ich einen kleinen Bronzeengel bei mir, den ich gern auch verschenke. Wer nur ein wenig mit einem solchen Engel etwas anfangen kann, mag sich davon an die *„guten Mächte"* erinnern lassen, die ihn oder sie bisher begleitet haben und tagtäglich begleiten.

Hinweisen möchte ich schließlich auf ein Wort aus *Psalm 91, V.11, das Felix Mendelssohn Bartholdy* in seinem Oratorium „*Elias*" so wunderbar vertont hat:

„Denn er hat seinen Engeln befohlen,
dass sie dich behüten auf allen deinen Wegen,
dass sie dich auf den Händen tragen
und du deinen Fuß nicht an einen Stein stoßest."

„Seid dankbar in allen Dingen"

Auf das schöne Wort *Theodor Fontanes* hatte ich schon hingewiesen; *„Jeder glückliche Augenblick ist eine Gnade und muss zum
Danke stimmen."* Wann auch immer mir dieses Wort in den Sinn
kommt, löst es den Klang von Dankbarkeit und Freude in mir aus.
Ähnlich wie bei den bekannten Versen von *Mathias Claudius* [50]:

*„Ich danke Gott und freue mich wie's Kind zur Weihnachtsgabe, daß
ich bin, bin! Und dass ich dich, schön menschlich Antlitz habe; daß ich
die Sonne, Berg und Meer und Laub und Gras kann sehen und abends
unterm Sternenmeer und lieben Monde gehen. Und daß mir denn zu
Mute ist, als wenn wir Kinder kamen und sahen, was der Heil'ge Christ
bescheret hatte, Amen!"*

Dankbarkeit lässt sich wohl eher ausdrücken in aphoristischen o-
der poetischen Worten. Oder auch in Liedern wie dem bekannten
kleinen *Dankelied*, das viele so gern singen:

*„Danke für diesen guten Morgen, danke für jeden neuen Tag. Danke,
dass ich all meine Sorgen auf dich werfen mag."* (Ev. Ges.buch 334, V.1)
Danach folgt der Dank für die guten Freunde, für die Möglichkeiten des Verzeihens, für die Arbeit, *„für alles Frohe, Helle und für die
Musik."* Danken hat auch mit Denken, Nachdenken zu tun. Beim
Bedenken meines Lebens kann ich erkennen, dass ich auch danken
kann *„für manche Traurigkeiten".* Sie gehören dazu ebenso wie
manche Ängste, Sorgen und Konflikte. Aber ich bleibe auch hier
nicht allein: *„Danke dass deine Hand mich leiten will an jedem Ort."*

Ein **kleiner Schlüssel**, der die Tür zur Dankbarkeit öffnen kann,
sind für mich ganz einfache *Fragen: Wofür kann ich heute dankbar
sein? Was ist gut gelaufen in meinem Leben? Wem könnte ich einmal
meinen Dank aussprechen? Bin ich bereit, auch einen Dank zu erhalten,*

von anderen entgegen zu nehmen und ihn nicht gleich wieder wegzuwischen mit Worten wie „ach, das ist doch nicht der Rede wert" oder „das wäre doch nicht nötig gewesen"?

Leider gibt es gegenüber der Dankbarkeit auch eine Menge *Störfaktoren* oder Stolpersteine. Dankbarkeit hat es heute schwer in einem gesellschaftlichen Umfeld, das Leben nicht mehr in erster Linie als Geschenk begreift. Alles, vor allem Achtung und Anerkennung, muss man sich verdienen. Leistung, Durchsetzungsstärke, Erfolge, darauf kommt es an. Die gute Tat eines anderen muss man sofort erwidern, dazu „ist man aus Dank verpflichtet".

Eine große Hürde für die Dankbarkeit ist es, wenn man sie verlangt und erzwingt, sie anderen, vor allem Kindern aufdrängt, sie von ihnen einfordert. Die Freude mit der Dankbarkeit kann einem schnell verleidet werden, wenn sie aufgedrängt, gefordert wird. Dankbarkeit stellt sich wie Freude doch eher wie von selbst ein. Sie kann sich in Worten, in Gesten, in kleinen Aufmerksamkeiten oder in einem Geschenk ebenso ausdrücken wie einfach nur in einer „stillen Dankbarkeit", die sich freut am reinen Sein, am Leben, an der Lebendigkeit des eigenen Lebens wie am Leben anderer.

Hinderlich für ein dankbares Leben sind vor allem Ansprüche, dass das Leben es immer gut mit uns meinen müsse. Sozusagen „nackt" kommen wir auf die Welt und verlassen sie ebenso. Wie viel ist uns oft geschenkt für den Weg, für die Zeit, die uns bemessen ist? Wie wenig davon haben wir echt „verdient"? Alles ist gegeben, geliehen nur auf Zeit. Ansprüche auf ein langes, schönes, immer gesundes, erfolgreiches, erfülltes Leben hat keiner. Die einzig sinnvolle Haltung gegenüber den Gaben des Lebens bleibt eigentlich nur der Dank. Daher: *„Seid dankbar in allen Dingen!"*, so schreibt es Paulus einer seiner Gemeinden (1. Thessalonicher, 5 V. 18).

Wirklich in *allen* Dingen? Wem es an vielem für sein Leben fehlt, wem die wirklich notwendigen Gaben zum Leben verwehrt sind, wem sie genommen wurden, der hat auch das Recht, zu klagen, zu kämpfen, gegen Ungerechtigkeiten vorzugehen. Mit dem Wort des Predigers aus der Bibel könnten wir sagen: Es gibt eine Zeit des Dankens und es gibt eine Zeit des Aufbegehrens, des Widerspruchs, des Sich Wehrens. Das ist kein Argument gegen die Dankbarkeit, aber ein Hinweis darauf, dass wir mit dafür sorgen können, dass Menschen überhaupt wieder danken können.

Als **kleinen Schlüssel** mit auf den Weg geben möchte ich abschließend ein *Gebet* des Theologen *Paul Tillich*. Ganz am Ende seiner *„Religiösen Reden"* [51], zum Abschluss einer Rede über *„Seid dankbar in allen Dingen!"*, steht dieses Gebet, von dem ich einige Abschnitte wiedergeben möchte:

„Allmächtiger Gott! Wir erheben unsere Herzen zu dir in Preis und Dank; denn wir sind nicht durch eigene Kraft, und nichts ist unser, als was du uns gegeben hast.…Wir danken dir, dass wir Dasein haben, dass wir an dem unerschöpflichen Reichtum des Lebens teilhaben, im Großen wie im Kleinen.… Erwecke uns, dass wir deine Gegenwart erkennen, wenn der Alltag sie uns verbirgt und wir vergessen, wie nah du uns bist, immer und überall, näher als irgendein Wesen, näher als wir uns selber sind.… Unser Dank kommt in armseligen Worten zu dir, und zuweilen können wir keine Worte finden. Es gibt Tage und Monate und Jahre, in denen wir nicht fähig sind, zu dir zu sprechen. Gib uns in solchen Zeiten Kraft, unsere Herzen dem Reichtum des Lebens offenzuhalten und deine unwandelbare, ewige Gegenwart in stiller Dankbarkeit zu erleben. Nimm mit dem wortlosen Opfer des Herzens vorlieb, wenn uns Worte des Dankes fehlen. Nimm unsere stille Dankbarkeit an, und halte dir unser Herz und unseren Geist offen." Amen

Geht's auch freundlich?

Hin und wieder freundlichen Menschen zu begegnen, ist eine große Wohltat. Manchmal, vielleicht auch öfter gelingt es uns auch selbst, Menschen solche Wohltaten der Freundlichkeit zukommen zu lassen.

Wie kommt es eigentlich zu Gesten und Worten der Freundlichkeit? Selbstverständlich ist sie ja nicht und als Grundhaltung der Menschen im Umgang miteinander lässt sie sich wohl kaum annehmen. Schaut man etwas genauer bei sich selber nach, wird man bemerken, dass wir bei einigermaßen guter Stimmung für Freundlichkeiten anderer eher empfänglich sind. Bei solch guter Laune tun wir uns auch viel leichter damit, uns anderen als freundliche Zeitgenossen zu zeigen. Sind wir aber gerade mal sehr beschäftigt, gestresst, voller Gedanken oder auch Sorgen, wird es die Freundlichkeit viel schwerer haben, bei uns eine Resonanz zu finden.

Im Kern hat es Freundlichkeit vor allem mit Begegnungen zu tun. Nicht umsonst steckt das Wort Freund/Freundin darin und weist darauf hin, dass in dieser Begegnung ein aufmerksamer, beachtender, wohlwollender, zugewandter Gestus dem anderen gegenüber enthalten ist. Seine Belohnung hat die freundliche Begegnung einfach in sich selber. Jeder, der sich auf dieses freundliche Begegnen einlässt, sich darein einzuschwingen vermag und voll Freude und Witz dabei mitmischt, wird die erfreuliche Lebendigkeit erfahren können, die davon ausgeht. Fast könnte man sagen: ein Tag ohne solch erfahrene oder gewährte Freundlichkeit ist wie ein verlorener Tag.

Auch in dem Umfeld eines Psychiatrischen Krankenhauses, in dem ich als Seelsorger viele Jahre gearbeitet habe, sah ich es als eine große Chance an, Patienten und Mitarbeitern aufmerksam und vor allem mit Freundlichkeit zu begegnen. Mir selber hat dies viel erleichtert und mich unbeschwerter auf viele und Vieles zugehen lassen.

Geht's aber immer freundlich? - Sie werden schon ahnen, dass wir angesichts der normalen menschlichen Ausstattung auch hier mit einem Antipoden oder Gegenspieler rechnen müssen. Menschen, wir alle haben bisweilen aus vielerlei Gründen mal schlechte Laune, sind sauer auf diesen oder jene, sind griesgrämig, mürrisch, zugeknöpft, pampig und das heißt dann auch ganz einfach: unfreundlich. Diese Unfreundlichkeit hat viele Schattierungen: voll Ärger und Groll, feindselig wollen wir vielleicht einem anderen eine erfahrene Kränkung heimzahlen. Ein erfahrenes Unrecht, eine Beleidigung kann uns lähmen und verstummen lassen. Als Bedrückte, depressiv Verstimmte oder Verängstigte können uns dann beschwingte Freundlichkeiten wohl nur schwer erreichen.

Als einen ersten **kleinen Schlüssel** würde ich daher nennen, die Messlatte bei der Freundlichkeit nicht zu hoch anzulegen. Wir würden uns grenzenlos damit überfordern, stets freundlich sein zu sollen. Zudem ist damit zu rechnen, dass Freundlichkeit auch so dargeboten werden kann, dass in ihr mehr Schein als Sein steckt, sie also gespielt, als Maske eingesetzt werden kann, hinter der sich eventuell ganz andere Haltungen verbergen.

Auch für die eigene ehrliche Selbsteinschätzung ist hilfreich, was *Martin Seel* [52] zu bedenken gibt:

„Wer nicht in das Fahrwasser der Heuchelei geraten möchte, ist gut beraten, es mit der Nettigkeit nicht zu übertreiben. Man muss selbst denen, die man nicht vor den Kopf stoßen will, gelegentlich etwas zumuten dürfen. Erst eine Prise der Anzüglichkeit, Frechheit oder gar Fiesheit macht die Freundlichkeit unter Menschen glaubhaft."

Bei einem zweiten **kleinen Schlüssel** gehe ich davon aus, dass es unter den vielen Spielarten der Freundlichkeit auch eine solche gibt, die uns wie aus einer anderen Dimension erreichen kann. Schon der völlig unverdiente, bezaubernde, freundliche Blick eines ganz kleinen Kindes lässt uns etwas davon ahnen, was das Lied von *Philipp Nicolai „Wie schön leuchtet der Morgenstern"* in der vierten Strophe beschreibt:

„Von Gott kommt mir ein Freudenschein, wenn du mich mit den Augen dein gar freundlich tust anblicken. Herr Jesu, du mein trautes Gut, dein Wort, dein Geist, dein Leib und Blut, mich innerlich erquicken. Nimm mich freundlich in dein Arme und erbarme dich in Gnaden; auf dein Wort komm ich geladen."
(Evang.Gesangbuch70,4).

„Gar freundlich" angeschaut, „freundlich in dein Arme" genommen, wird es uns wohl eher möglich, nicht nur aus eigener Kraft und eigenem Vermögen freundlich anderen und uns selber zu begegnen.

Geht's also auch freundlich? Ja, es geht, sehr viel mehr als wir glauben! Vor allem geht's auch freundlich, wenn wir realistischer Weise weiterhin mit gelegentlichen Unfreundlichkeiten anderer rechnen und uns bisweilen sogar selber mal solche erlauben.

Jesus-Bilder

Die Person Jesu spielt für Christen wie auch für viele Nichtchristen eine große Rolle. In Gesprächen kommt er oft ganz überraschend zur Sprache. Einzelne Geschichten, die von ihm erzählt werden, auch mehr aus dem Zusammenhang genommene Worte tauchen plötzlich auf. Manchmal als Vergewisserung und Trost, aber auch als eine Herausforderung und Anfrage an das eigene Leben.

Für die, die sich in ihrem Glauben auf *Jesus* berufen, ihn in ihr Leben mit hineinnehmen, sich von ihm ansprechen, bewegen, herausfordern lassen, ist Jesus natürlich nicht ein „kleiner Schlüssel" unter vielen anderen, sondern *der* Schlüssel, *die „Tür"* zum Leben überhaupt, so wie er nach dem Johannesevangelium sagt:

„Ich bin die Tür,
wer durch mich hineingeht,
wird gerettet werden."
(Johannes 10, v. 9)

Jesus öffnet für die, die auf ihn hören und ihm folgen, die Tür zu ihrem wahren Wesen und zu Gott. Jesus zeigt ihnen die Liebe als Hintergrund und Ziel allen Lebens.

Das Besondere, das Geheimnis, das die Menschen bei Jesus wahrgenommen haben, brachten sie in Bildern und Vorstellungen zum Ausdruck, die uns auch heute **kleine Schlüssel** sein können, ihm näher zu kommen:

Jesus als *der Einladende*, so wie wir es von seinem „Heilandsruf" her kennen: *„Kommt her zu mir alle, die ihr mühselig und beladen seid; ich will euch erquicken (Ruhe geben)."* (Matthäus

164

11,V.28). Das erwarten sich viele von der Nähe Jesu in ihrem Leben: etwas, das sie aufatmen, erst mal zur Ruhe kommen lässt; einer, der nicht noch zusätzlich Lasten auflädt, sondern hilft, dass es Menschen wieder leichter ums Herz wird. Einer, der ihnen Mut macht, ihr Leben neu zu sehen und neu zu gestalten.

Jesus als der *„liebe Sohn"*, an dem Gott, sein „lieber Vater" Wohlgefallen hat; als Beispiel zugleich für das, was wir alle sein können, wenn wir es nur zulassen: geliebte „Töchter" und „Söhne", geliebte Menschen.

Jesus als der, *der mitfühlt und mitgeht*, der aus seiner Nähe zu Gott und zu den Menschen *heilsam, heilend wirkt* und die Menschen, die ihm folgen, beauftragt, dieses Heilsame weiterzutragen. Menschen sollen bis heute im Zusammenhang mit Jesus zu dem ihnen möglichen Leben „aufstehen", zu einem „Halt", zu einer neuen „Freude" finden können.

Ein **kleiner**, aber ganz wichtiger **Schlüssel** im Blick auf Jesus scheint mir zu sein, dass wir die einladende, mitfühlende Seite Jesu nicht zu einseitig betonen. Das führt dazu, dass wir seine andere Seite, *die herausfordernde, konfrontierende, prophetische, kämpferische Seite* ausblenden und auch die Hilfe dieses anderen Jesus außer Acht lassen. Jesus konnte sich gut „abgrenzen", auch „nein" sagen, gut auch für sich allein sein, wagte das Gegenüber, die Konfrontation, wich Spannungen, Konflikten nicht aus, sagte sehr deutliche Worte, die viele noch heute erschrecken lassen.

Sehr hilfreich finde ich den *„souveränen" Jesus*, wie er etwa in der Geschichte von Jesus und der Ehebrecherin (Johannesevangelium 7.53 – 8.11) deutlich wird: Jesus als einer, der sich von anderen nicht in die Enge treiben lässt, der die Freiheit hat, einen angegriffenen Menschen in Schutz zu nehmen, die Anklagen gegen eine Frau abprallen zu lassen, um dann den Anklägern einen Satz zu sagen, der noch heute mitten ins Herz trifft: *„Wer unter euch ohne Sünde ist, der werfe den ersten Stein auf sie."*

Jesus ist auf diese Weise bis heute auch für viele der *„barmher-zige Samariter"*. Der, der den unter die Räuber gefallenen, ge-schundenen, verletzten Menschen die Hilfe gibt, die sie brauchen. Einer, der nicht vorübergeht, sondern ganz nahe rangeht und zu-packt. Wie in der Geschichte erzählt (Lukasevangelium 10, 25-37), tut der Samariter (hinter dem ja auch Jesus selber steht) gar nicht alles allein, sondern sucht sich Mithelfer, die das ihnen Mögliche auch tun. Füreinander können Menschen auf diese „begrenzte" Weise auch barmherzig sein, ohne sich zu überfordern.

Natürlich gibt es noch viele andere Bilder von Jesus. Ich möchte auf einen anderen **kleinen Schlüssel** im Zusammenhang mit Jesus hinweisen. Aus der Tradition der *Ostkirche* ist das einfa-che, kleine *„Jesusgebet"*, auch als *„Herzensgebet"* überliefert:

„Herr Jesus Christus, Sohn Gottes,
erbarme dich meiner"

Ein kleines Gebet, das man immer wiederholen und auch mit dem Atem verbinden kann: beim Einatmen: *„Herr Jesus Christus, Sohn Gottes"* und beim Ausatmen: *„Sohn Gottes, erbarme dich mei-ner"* oder *auch* verkürzt: *„Herr...erbarme dich"*. Mitten in alle An-forderungen und Aufgaben, mitten in alle Enttäuschungen, Ängste, Sorgen und Konflikte hinein kann man dieses kleine Ge-bet sprechen, Abstand gewinnen und ganz persönlich, „im Her-zen", etwas von der Liebe, der „Erquickung", der „Ruhe" spüren, die von Jesus ausgehen kann.

„Ein Licht in der Dunkelheit"

In einem *Pfingstlied des Ev. Gesangbuchs* [53] heißt es:

„Ein Licht geht uns auf in der Dunkelheit, durchbricht die Nacht und erhellt die Zeit. Licht der Liebe, Lebenslicht, Gottes Geist verlässt uns nicht."

Das Lebenslicht, das „Licht der Welt" haben viele Menschen in Jesu Worten und Taten wahrgenommen. In seiner berühmten Radierung, dem sogenannten *„Hundertguldenblatt"* (so genannt, weil ein Kunstliebhaber spontan in der Werkstatt des Malers einen Abzug der Radierung für 100 Gulden erwarb) hat Rembrandt das Licht, das von Jesus ausgeht, wunderbar angedeutet: Von Jesus, ganz in der Mitte, umgeben von sehr unterschiedlichen Menschen, geht ein geheimnisvolles Licht aus. Mit offenen Armen scheint er allen zu sagen; *„Kommt her zu mir, alle, die ihr mühselig und beladen seid; ich will euch erquicken."* (Matth. 11,28) Er sagt es allen: den Kranken, den Fragenden, den Frauen mit den Kindern, den Selbstsicheren, den ganz fern Stehenden, dem „reichen Jüngling", den Pharisäern und Schriftgelehrten, den religiösen Profis…. Die Betrachter des Bildes heute können sich durchaus mit eingeladen fühlen. Jesus verheißt *„Erquickung".* Im griechischen Urtext steht *„anapausis"*, d.h. Ruhe, Pause, *„Ruhe finden für eure Seelen."* (Matth. 11, 29)

Der **kleine Schlüssel** dieses Bildes kann den Blick – ähnlich wie die Jesus-Ikone – öffnen für das Licht Jesu, für die Orientierung an seinem Licht der Einladung. Dabei kann gerade diese Orientierung Kraft geben, die Wirklichkeit des Lebens mit Licht *und* Dunkelheit, mit den hellen Seiten *und* den Schatten-Seiten wahrzunehmen. Das Leben hat immer *beide* Seiten. Nachdem lange Zeit in der Psychologie vor allem die Abgründe und die dunklen Seiten der menschlichen Psyche im Mittelpunkt standen, versucht man heute mehr, auch die Ressourcen, die Stärken und Gaben der Menschen in den Blick zu nehmen und zu stärken. Es gilt eben, *die Licht-Spuren* im eigenen Leben trotz aller Belastungen zu erkennen und daran anzuknüpfen:

Was hat mich schon immer erfreut? Was konnte ich früher schon gut? Was macht mir besonderen Spaß? Wobei geht mir das Herz auf? Was tut mir gut und stärkt mich?

Solche *Licht-Spuren* zu sehen und ihnen zu folgen, kann helfen, dass es im Leben eines Menschen heller, heiterer werden kann. Eine übermächtige Beschäftigung mit den dunklen Aspekten der Seele kann auch die Dunkelheit verstärken.

Auf der anderen Seite können wir uns natürlich auch nicht über unsere Menschlichkeit – und zu der gehören, wohl oder übel, immer auch die Polaritäten, die *beiden* Seiten – hinweg setzen. Ein Weglaufen vor den dunklen Seiten in uns und in anderen, ein Harmonisieren und Wegschieben bringt nichts. Nur das, was wir bewusst ansehen und annehmen, kann sich ändern.

Ein für mich hilfreiches „Konzept" - wie ein **kleiner Schlüssel** – ist für mich hierbei die Sicht *C.G. Jungs*, sein *Konzept des Schattens*. *Dieter Schnocks* [54] schreibt in seinem Buch *„Mit C.G. Jung sich selbst verstehen"*:

*„Im **Schatten** unserer Persönlichkeit sind unsere »Antiwerte« gespeichert: das, was ich an mir wissen könnte, aber nicht wahrhaben will; das, was böse an mir ist, das Unangepasste oder das Kindische; das, was mein Ich-Ideal an mir nicht akzeptieren kann…. Im Schatten finden sich viele Inhalte, die verdrängt wurden. Inhalte, die vom bewussten Ich nicht akzeptiert und angenommen werden können. Es sammeln sich hier viele verdrängte Inhalte, sozusagen die dunklen Seiten".*

Was kann da helfen? Wie „*ein Licht in der Dunkelheit*" kann es z.B. sein, wenn wir es lernen, unsere oft verborgenen aggressiven Tendenzen bewusster wahrzunehmen und anzunehmen, sie also aus dem Dunkel oder Zwielicht der Unbewusstheit heraus zu holen. Denn dann können sie sich auch als eine positive Kraft erweisen, die uns hilft, uns gut abzugrenzen und gegen Übergriffe anderer rechtzeitig zur Wehr zu setzen.

Kehren wir noch einmal zu *Rembrandts „Hundertguldenblatt"* zurück. Da könnten wir jetzt sagen: Auch und gerade *mit* den bewusst gewordenen „dunklen Stellen" und Schatten-Aspekten dürfen wir uns eingeladen und angenommen wissen, damit wir *„Ruhe finden für unsere Seelen"*.Stärkung, *Ermutigung* zum *„Licht"* können wir dabei noch auf vielfältige Weise erfahren. Besonders hilfreich finde ich helle, tröstliche *„Licht-Worte"*, die wir tief in unsere Seele fallen lassen können, z.B. das schöne Wort *Theodor Fontanes*:

> *„Luft und Licht heilen und Ruhe heilt,*
> *aber den besten Balsam spendet doch ein gütiges Herz."*

Wie ein helles, warmes und tröstliches Licht kann es sein, sich ein *„liebes Angesicht"* vorzustellen, mit dem wir verbunden sind, und die Worte eines Gedichtes von *Theodor Storm* [55] zu hören:

Trost

> *So komme, was da kommen mag!*
> *So lange du lebst, ist es Tag.*
> *Und geht es in die Welt hinaus,*
> *wo du mir bist, bin ich zu Haus.*
> *Ich sehe dein liebes Angesicht,*
> *ich sehe die Schatten der Zukunft nicht.*

Dass für viele Menschen auch *die Musik* geradezu *wie eine "Licht-Therapie" wirkt,* wird kaum einer in Frage stellen. Wenn wir etwa den Schluss von *Mozarts Zauberflöte* hören: *„Die Strahlen der Sonne vertreiben die Nacht...",* werden wir mit einschwingen können in das Vertrauen: *„Ein Licht geht uns auf in der Dunkelheit, durchbricht die Nacht und erhellt die Zeit. Licht der liebe, Lebenslicht, Gottes Geist verlässt uns nicht."*

Abschied und Neubeginn

Abschied und Neubeginn, das ist eine Polarität, eine Spannung, die wohl viele ganz bewegend und bisweilen auch schmerzlich erlebt haben. Unzählige Abschiede kamen auf uns zu, mussten wir bewältigen. Ganz kleine Kinder schon empfinden eine vielleicht nur kurze Zeit der Abwesenheit der Mutter, einen Abschied von ihr dramatisch-schmerzlich. Das Vertrauen eines sicheren Wiedersehens ist noch nicht so stabil, die Angst vor Verlust und Alleinsein zuerst größer. Wie schmerzlich können Kinder einen Abschied von den Eltern und Geschwistern, auch von der vertrauten Umgebung und Heimat erleben. Schon eine kürzere Klassenfahrt kann dann zum großen Problem werden. Eine gute Freundin, ein guter Freund zieht weg; oder wir selber mussten mit den Eltern das vertraute Zuhause verlassen und ganz wo anders neu beginnen. Freundschaften, erste intensive Beziehungen gehen auseinander.

Abschiede, Trennungen müssen oft unter Schmerzen bewältigt werden. Schulwechsel, Schulabschluß, Ausbildung, Studium, offenere oder festere Beziehungen, Heirat, Familie mit Kindern sind weitere Lebensstufen. Beziehungsprobleme mit der Möglichkeit einer Trennung oder Scheidung, später auch der Abschied von der Berufstätigkeit und mit der Zeit auch von Menschen, die uns in dem letzten Abschied des Todes vorangegangen sind – überall geht es um herausgeforderte, verlangte Abschiede und ebenso um die Frage nach der Möglichkeit und Herausforderung zu neuen Anfängen. Viele Abschiede sind mit Gefühlen verbunden, die uns viel Kraft kosten. Ganz glatt geht das meistens nie. Betrauert werden muss das, was wir verlassen, wovon wir uns trennen, selbst gewollt oder durch Situationen und Schicksale dazu herausgefordert. Möglich ist es wohl, die „Arbeit" der Trauer zu verweigern, zu verdrängen, sich sofort in ein neues „Abenteuer" oder in hektische Arbeit und Betriebsamkeit zu stürzen. Auch können wir uns enttäuscht, resigniert zurückziehen mit der Gefahr, immer griesgrämiger, gebremster oder auch depressiv zu werden.

Wer jedoch die Schmerzen eines Abschieds auf sich nimmt und es lernt, auch Zeiten des Abschieds, der Trennung, des Umbruchs oder einer Flaute anzunehmen und durchzustehen, der wird zumeist erleben, dass die andere Seite der Lebensspannung – der neue Anfang – wieder ihre Chance bekommt mit all dem beschwingten Erleben einer neuen, erweiterten Sichtweise und dem Strömen einer neuen Kraft und Begeisterung.

Ein erster **kleiner Schlüssel** ist für mich, die Situationen und Zeiten der Abschiede im eigenen Leben und bei uns nahe stehenden Menschen bewusst wahrzunehmen und anzunehmen. Sie nicht einfach nur irgendwie an uns vorüber ziehen zu lassen, sondern uns damit auseinanderzusetzen, ins Gespräch mit ihnen zu kommen. Auch mit anderen offener darüber zu sprechen und uns auszutauschen. Und Abschiede – wo irgend möglich – auch mit dazu passenden Ritualen zu gestalten. Solche bewusst wahrgenommenen und gestalteten Rituale sind eine große Hilfe, Vergangenes, zu einem Abschluss Gekommenes loszulassen und sich auszustrecken nach dem, was ganz neu werden kann und möchte.

Ein weiterer **kleiner Schlüssel** können Abschiedsworte, Gedichte oder auch Musikstücke sein, in denen gerade die im Abschied aufkommenden ambivalenten Gefühle zum Schwingen kommen.

Viele kennen das wunderbare Gedicht „*Stufen*" von *Hermann Hesse*[56], das wie kaum ein anderes Gedicht die Spannung von Abschied und neuem Anfang beschreibt:

> Wie jede Blüte welkt und jede Jugend
> dem Alter weicht, blüht jede Lebensstufe,
> blüht jede Weisheit auch und jede Tugend

zu ihrer Zeit und darf nicht ewig dauern.
Es muß das Herz bei jedem Lebensrufe
bereit zum Abschied sein und Neubeginne,
um sich in Tapferkeit und ohne Trauern
in andre, neue Bindungen zu geben.
Und jedem Anfang wohnt ein Zauber inne,
der und beschützt und der uns hilft zu leben.

Wir sollen heiter Raum um Raum durchschreiten
an keinem wie an einer Heimat hängen,
der Weltgeist will nicht fesseln uns und engen,
er will uns Stuf' um Stufe heben, weiten.
Kaum sind wir heimisch einem Lebenskreise
und traulich eingewohnt, so droht Erschlaffen.
Nur wer bereit zu Aufbruch ist und Reise,
mag lähmender Gewöhnung sich entraffen.
Es wird vielleicht auch noch die Todesstunde
uns neuen Räumen jung entgegensenden,
des Lebens Ruf an uns wird niemals enden…
wohlan denn, Herz, nimm Abschied und gesunde!

Hermann Hesse spricht vom *„Lebensruf"*, der an uns ergeht, der niemals enden wird, von der Tapferkeit, sich in andere, neue Bindungen zu geben sowie vom Zauber, der jedem Anfang innewohnt, *„der uns beschützt und der uns hilft zu leben."* Solche Worte können uns helfen, selbst die letzte Stufe unseres Lebens –Sterben und Tod – noch als ein Ziel zu sehen mit der Hoffnung auf etwas ganz Neues, auf *„neue Räume"*.

Zumutungen

Kaum ein anderes Wort kann die herausfordernden Lebens-
aufgaben, die uns gestellt werden und die wir zu meistern haben,
angemessener zum Ausdruck bringen als das Wort *Zumutungen*.
Dabei hat dieses Wort zunächst einen schillernden, ambivalenten
Charakter. Einmal bezeichnen wir damit eine (fast) unzumutbare
Aufgabe. Wir sagen dann etwa empört: „Das ist ja eine Zumutung,
ja eine Frechheit!" und meinen damit, dass etwas an und herange-
tragen, uns zugemutet wird, das wir erst mal strikt von uns weisen, uns, wie wir meinen, nicht zuzumuten ist.

Andererseits steckt in dem Wort *Zumutung* selber schon das
Wort *Mut* und kann somit auch bedeuten: uns wird positiv etwas
zugetraut, zugemutet, eine Aufgabe, der wir uns, auch nach einer
ersten Abwehr, doch stellen können. Dabei ist die Zumutung als
eine Chance gesehen, ein oft schwieriges Problem langsam aber
stetig anzugehen und auch zu einer neuen Lösung zu kommen.
Auch eine mehr schicksalsmäßig uns treffende Herausforderung
kann mit der Zeit als eine positive *Zumutung* gesehen werden, ein
Schicksal langsam anzunehmen und zu versuchen, auch aus dieser schwierigen Lage heraus einen neuen, verheißungsvollen Weg
zu gehen. Viele Beispiele für solche *Zumutungen* können wir nennen:

Schon der Beginn unseres Lebens mit der Geburt ist ja im
Grunde eine unglaubliche *Zumutung*. Aus einer vollkommen ge-
schützten Einheit mit der Mutter werden wir durch die Geburt regelrecht herausgeworfen und müssen nun Aufgabe um Aufgabe
annehmen und bewältigen. Klar ist dabei eigentlich von Anfang
an: sich zu weigern wird nichts bringen. Und wenn die jeweilige
Herausforderung zur Weiterentwicklung menschlich-liebevoll
und ermutigend durch nahe, dabei bleibende Menschen gestützt

und begleitet wird, kann die zu gewinnende Entfaltung in der Realität der Existenz umso eher und besser gelingen.

Eine *Zumutung* ist es, mit den Jahren zur Harmonie mit den Eltern und der Familie auch ein Stück auf Distanz zu gehen, um Seite um Seite des *eigenen* Lebensbuches schreiben zu können. Eine Individualität gilt es zu gewinnen, die sich zwar weiterhin in einer Gemeinschaft aufgehoben wissen darf, aber doch auch wagt, ganz eigene, selbst verantwortete Schritte zu gehen. Auch später in Freundschaften, Partnerschaft oder Ehe bleibt es eine wichtige, notwendige *Zumutung*, das eigene Leben neben der Gemeinsamkeit nicht zu sehr aus den Augen zu verlieren.

Da es jede(n) von uns nur einmal gibt, bleibt es lebenslang eine Aufgabe, das eigene Leben zu stärken, mit Schwung und vielen Farben zu gestalten. Eine umgekehrte, ebenso wichtige Aufgabe oder *Zumutung* ist es, auch in das einzuwilligen, was sich auch bei großer Anstrengung nun mal nicht erreichen lässt. Verluste oder Einschränkungen werden uns manchmal zugemutet, ohne dass wir gefragt würden. Der Abschied vom Berufsleben mit der Berentung oder Pensionierung mutet uns etwa den Beginn eines bisher so nicht gekannten Lebens zu.

Beim Älterwerden können uns viele *Zumutungen* treffen. Nicht nur dass wir oft nicht mehr wie bisher feste Aufgaben haben, oft einfach nicht mehr so wie bisher gewohnt gebraucht werden, sich kaum noch jemand für uns - ohne die bisherige Position und Leistung - zu interessieren scheint. Hierbei kann man ja noch lernen, für sich selber ganz neue Aufgaben zu entdecken, eine neue Freiheit zu praktizieren und so dem Verlust an Resonanz, an Beachtung oder Bedeutsamkeit mit der eigenen Gestaltung wirksam zu begegnen. Schwieriger aber wird es für viele, wenn uns bei den langsam zunehmenden Einschränkungen im Alter zugemutet wird, ein allzu festes Beharren auf den bisher gewohnten Lebensbedingungen aufzugeben und auf eine ganz neue Weise zu kooperieren: dh. mit sich selber zu Rate zugehen, mehr als früher auch mal andere um Begleitung, Rat und Hilfe zu bitten, wie denn jetzt für uns selber und für Begleitende eine neue Lebensmöglichkeit gefunden werden kann. Welche Dramen können sich da abspielen, wenn solche Kooperation und Umstellung strikt verweigert wird. Wie schwer fällt es oft Menschen, in Bewegung zu bleiben, ganz neue, lebensdienlichere Veränderungen in Betracht zu ziehen. Mit Zähnen und Klauen wird bisweilen das Bisherige, Bestehende verteidigt und festgehalten, ohne zu bedenken, wie sehr man sich damit selber dem Strom des Lebens entgegenstellt und auch andere eben damit belastet.

Eine sehr große *Zumutung* ist der Verlust eines geliebten Menschen, der immer auch die eigene Endlichkeit bewusster werden lässt. Die im Grunde immer schon latent vorhandene zerbrechliche menschliche Situation bricht da oft ganz plötzlich durch und wir müssen uns, ob wir wollen oder nicht, damit auseinandersetzen.

Noch viele weitere Zumutungen ließen sich nennen. Ein **kleiner Schlüssel** ist es schon, die Ambivalenz der Herausforderungen mit zu bedenken, also immer auch die mögliche ermutigende, positiv herausfordernde Seite einer Zumutung mit zu bedenken. Auch gilt es, den anderen Pol des „Seins", des Lebens als Gabe, als Geschenk gegenüber der herausfordernden Existenz ins Spiel zu bringen. Wir können auf Gegebenem aufbauen, daran anknüpfen, dürfen davon ausgehen, dass wir ganz grundlegend angenommen sind, nicht als perfekte Menschen, sondern als solche, die – wie andere auch - mit Unvollkommenheiten oder Schwierigkeiten zu kämpfen haben und eben gerade so angenommen sind. Jede(r) kann bei sich selber suchen und fündig werden, was ihr/ihm gut tut, stärkt, aufbaut, ermutigt. Die Bewegung, das Hin und Her von einem Pol zum anderen und umgekehrt erweist sich hier als eminent praktisch und hilfreich. Und schließlich ist auch davon auszugehen, dass uns zu gegebener Zeit, im rechten Augenblick nicht nur Zumutungen treffen, sondern uns auch Hinweise – in den

Märchen würde da von einem „Wink Gottes" die Rede sein – erreichen, die die schwerere Tür der Zumutungen öffnen und ausgleichen können.

Wichtig finde ich auch, die *Zumutungen* zu bedenken, die viele biblische Geschichten und Worte bis heute geblieben sind.

Stellvertretend möchte ich die rätselhaften oder nach normal menschlichen Maßstäben anstößigen *Worte Jesu* im 10. Kapitel des Matthäusevangeliums erwähnen: „*Ich bin nicht gekommen, Frieden zu bringen, sondern das Schwert. Denn ich bin gekommen, den Menschen zu entzweien mit seinem Vater und die Tochter mit ihrer Mutter und die Schwiegertochter mit ihrer Schwiegermutter…*". (V.34-39) Wie sind diese radikalen Worte zu vereinbaren mit all dem, was wir als Christen sonst mit Jesu Person und Botschaft verbinden? Ein tieferes Verstehen Jesu wird diese Zumutungen keinesfalls übergehen können. Es kommt darauf an, angesichts vieler *Zumutungen* weiter nach Jesus zu fragen, ihn neu sehen zu lernen, Einseitigkeiten im vertrauten Bild von Jesus zu überwinden. (vgl. das Kapitel „Jesus-Bilder")

Eine Tür tut sich auf

Eine sehr „schwere Tür" in unserem Leben ist bestimmt die Erfahrung von Abschied, Trennung und Verlust eines lieben Menschen sowie die damit oft verbundene Auseinandersetzung mit Sterben und Tod. Dass auch hier ein „Schlüssel" zu entdecken sei, der diese „schwere Tür" öffnen und auf den Weg zu neuer Lebendigkeit, zu neuem Leben führen könne, mag vielen fast verwegen oder gar provozierend erscheinen.

Erleben wir es nicht zunächst eher umgekehrt, dass bei solchen Wider-fahrnissen eine Tür wie zugeschlagen ist? Viele erleben es so beim Tode eines ihnen ganz nahen Menschen: alles erscheint plötzlich so leer und sinnlos. Ein tiefer Schmerz, Traurigkeit legt sich wie ein Schleier über das ganze Leben. Wozu überhaupt noch weiterleben? Eine Aussicht ohne den geliebten Menschen ist kaum zu erkennen. Das Alleinsein tut so weh. Viele um einen herum meinen es gut, wollen ermutigen, weisen auf Positives hin. Aber meist geht das viel zu schnell. Die Seele ist noch vom Schmerz der Trennung, von der Traurigkeit wie umklammert. Den Verlust zu verkraften, das braucht Zeit, viel Zeit. Man hört es zwar von anderen, richtet sich auch manchmal selbst danach, dass der Ablauf des Lebens reibungslos weiter-gehen, man ins normale Leben mit seinen Verpflichtungen zurückkehren solle. Doch noch gar nichts ist normal. Eigentlich wissen wir es jetzt gar nicht, wie es ohne den oder die, die wir verloren haben, weitergehen könne.

Es ist eine ganz andere Zeit als wir sie sonst kennen. Eine Zeit für Erinnerungen, für so viele Gedanken und Fragen, die schon immer mal da waren, aber nie wirklich zugelassen wurden, sich aber jetzt erneut aufdrängen. Wer war der, die Verstorbene eigentlich wirklich für mich? Es ist eine Zeit auch für Klagen und Protest. Viele, oft verwirrende Gefühle wollen zugelassen werden:

Schmerz, Trauer, Zorn, Wut, die kein rechtes Ziel findet; eine Sehnsucht wie ein Schrei nach dem Verlorenen. Bei alledem eine große Unsicherheit. Der Schmerz über die Unabänderlichkeit, über den unwiederbringlichen Verlust meldet sich wieder und wieder.

Ein **kleiner Schlüssel** ist es in dieser Situation, diese Fragen und Klagen, den Schmerz, die Unsicherheit, all die Gefühle zuzulassen, laut werden zu lassen, auszusprechen. Menschen an sich herankommen zu lassen und auch selber zu suchen, die das verstehen und aushalten. Sich das Recht zu nehmen, wieder und wieder zu erzählen von den Verstorbenen: was uns mit ihnen verbunden hat und weiterhin verbindet, was wir jetzt vermissen, auch das, was in der Gemeinschaft mit dem Verstorbenen offen geblieben ist.

Geschieht all das nicht oder viel zu wenig, lassen wir uns zu sehr drängen zu neuem Funktionieren, versuchen wir, die Schmerzen der Trennung zu schnell zu übergehen oder zu betäuben, droht die Gefahr einer länger anhaltenden Depression. Wie oft habe ich es erlebt, dass Menschen es sich lange Zeit nicht erlaubt haben, zu ihren Gefühlen zu stehen, auch und gerade nicht beim Verlust eines lieben Menschen. Doch nach einer Zeit der vermeintlichen Stärke und Ablenkung folgt dann - bisweilen abrupt und ganz unverständlich - die Umkehr in eine ausweglos scheinende Traurigkeit und Depression. Was nicht herauskommen, nicht gesagt, ausgedrückt werden konnte oder durfte, wendet sich nun gegen einen selbst. Und es ist dann, wie wenn das eigene Leben, wenn alle Lebendigkeit stehen bliebe, wie erstarrt, bewegungslos.

Daher lassen Sie sich Zeit für sich selbst. Auch manche Stunden schmerzlichen Alleinseins können nicht vermieden werden. Die Seele braucht sie ebenso wie die Nähe lieber Menschen, die hin und wieder ein wenig zur Seite stehen, begleiten können. Öffnen Sie sich für die stille, „zuhörende" Gegenwart, die zärtliche Berührung anderer. Ein kleines Licht kommt damit schon in Ihr ange-griffenes Leben. Es ist noch Nacht, Finsternis, Dunkelheit. Doch es gibt auch Spuren des Lichts, Lichtblicke, die Sie dankbar anneh-men können.

Als einen weiteren **kleinen Schlüssel** möchte ich hinweisen auf solche *Lichtspuren*, auch auf *„gläubige Gedanken"*, die Türen öff-nen können: Zunächst die *Dankbarkeit* für alle herzliche Verbun-denheit und Liebe. Dass es den anderen, die andere überhaupt gab, dass er oder sie in allem wirklich Wesentlichen in uns, wie ein innerer Schatz, lebendig bleibt. Was konnte, wollte der Verstor-bene uns sagen, uns mit auf den Weg geben? Was ist seine Bot-schaft an uns? *„Gläubige Gedanken"*, die unseren Blick weiten, neue Türen öffnen können, finde ich immer wieder in einem wunder-baren *Lied*.[57] Vier Strophen daraus möchte ich Ihnen mit auf den Weg geben:

„Geht hin, ihr gläubigen Gedanken ins weite Feld der Ewigkeit, erhebt euch über alle Schranken der alten und der neuen Zeit, erwägt, dass Gott die Liebe sei, die ewig alt und ewig neu." (V.1)
„O Wunderliebe, die mich wählte vor allem Anbeginn der Welt und mich zu ihren Kindern zählte, für welche sie das Reich bestellt! O Va-terhand, o Gnadentrieb, der mich ins Buch des Lebens schrieb. (V.4)

„Wie wohl ist mir, wenn mein Gemüte hinauf zu dieser Quelle steigt, von welcher sich ein Strom der Güte zu mir durch alle Zeiten neigt, daß jeder Tag sein Zeugnis gibt, Gott hat mich je und je geliebt." (V.5)
„Die Hoffnung schauet in die Ferne durch alle Schatten dieser Zeit, der Glaube schwingt sich durch die Sterne und sieht ins Reich der Ewig-keit, da zeigt mir deine milde Hand mein Erbteil und gelobtes Land." (V.10)

Was Religion und Glaube im positiven Sinne uns geben können, das bringt dieses Lied wie kaum ein anderes zum Ausdruck. Wir gehen nicht auf in Begrenzung und Endlichkeit: *„Schon in diesem*

Leben sind wir an das Grenzenlose angeschlossen." (C.G. Jung) **In uns** ist ein Fragen, ein Verlangen, eine Sehnsucht, die – mit den Worten des Liedes - sich erhebt *„über alle Schranken ins weite Feld der Ewigkeit".* Zu unserem Leben gehört es, mit dem in Verbindung zu sein, was über uns hinausweist. Und da gilt es zu bedenken, zu *„erwägen", „dass Gott die Liebe sei, die ewig alt und ewig neu".* Eine *„Wunderliebe",* die uns wählte, die uns wollte, eine *„Vaterhand, ein Gnadentrieb, der uns ins Buch des Lebens schrieb."* Es ist die Möglichkeit, im Glauben, im *„Gemüte"* hinaufzusteigen zu dieser Quelle, *„von welcher sich ein Strom der Güte durch alle Zeiten neigt, dass jeder Tag sein Zeugnis gibt: Gott hat mich je und je geliebt."* In diesem *„Strom der Güte"* sind wir verbunden mit den Verstorbenen in der *einen „Familie Gottes".*

Da sind die Verstorbenen *„nur vorausgegangen",* und wir *bleiben mit ihnen „in der Gemeinschaft der Gottesfamilie".* (Hieronymus) In uns bleibt eine Hoffnung, die *„schauet in die Ferne durch alle Schatten dieser Zeit",* die *„sieht ins Reich der Ewigkeit, da zeigt mir deine milde Hand mein Erbteil und gelobtes Land."*

Für mich sind solche *„gläubigen Gedanken"* wie Schlüssel, die darauf hinweisen, dass am Ende aller unserer Möglichkeiten sich noch einmal ganz neu eine Tür auftun wird. Mit einem *„kleinen Schlüssel"* werden wir uns zunächst wohl auch begnügen müssen, wenn wir an die letzte *„schwere Tür"* kommen. In der Sehnsucht, in der Hoffnung, dass uns hinter dieser letzten Tür ein neues Licht erwartet, sind wir verbunden mit vielen Menschen, die das ebenso erfahren. In dieser Hoffnung können wir uns untereinander bestärken.

„Wie wohl ist mir…"

Unsere Gedanken beziehen sich üblicher Weise auf die Zeiten unseres Lebens, die wir überschauen können. Über die Grenze des irdischen Lebens hinaus Aussagen zu machen, damit halten sich die meisten zurück. Und das nicht nur aus Unkenntnis, sondern auch aus einer tiefen Scheu heraus oder aus Ratlosigkeit darüber, was wir denn empfinden, denken, sagen sollen zu dem, was über unseren Horizont hinausgehen könnte. Dennoch können wir wohl unser Suchen und Fragen an dieser Stelle auch nicht einfach beenden. Viele gehen den Fragen nach Tod und Sterben und nach einer begründeten Hoffnung darüber hinaus auch bewusst nach.

Zunächst wird heute die Frage nach „Sterbehilfe" diskutiert, genauer die Frage, wie weit die Hilfe beim Sterben gehen dürfe. Die Hilfe im Sinne der Palliativmedizin ebenso wie das Unterlassen lebensverlängernder Maßnahmen bei tödlicher Krankheit ist dabei nicht umstritten. Strittig ist die Frage, ob es erlaubt sein dürfe, auch aktiv Sterbehilfe zu leisten in Form einer Hilfe bzw. Beihilfe zum Suizid. Hierzu gibt es sehr unterschiedliche, ja gegensätzliche Meinungen. Deutlich abgelehnt wird eine solche Beihilfe zum Suizid von den Kirchen, obwohl es auch da abweichende Meinungen gibt, wie z.B. die des katholischen Theologen *Hans Küng*, der für sich andere Wege gehen möchte als die offizielle Kirche. Die Für- und Wider-Argumente der unterschiedlichen Positionen sind vielfach dargestellt worden. In vielen Publikationen kann man sich kundig machen, die Argumente bedenken und für sich selber prüfen.

Mir liegt es näher, einer mehr seelischen Spur zu folgen. Es ist *die Spur einer Sehnsucht*, die sich nicht nur danach sehnen kann, das Leben zu beenden, sondern auch mit denen wieder vereint zu werden, die uns schon verlassen mussten. Mir ist diese *Sehnsucht*, mit den Verstorbenen zusammen bei Gott zu sein, ganz vertraut. Nach dem plötzlichen Unfalltod drei meiner engsten Familienangehörigen war diese Sehnsucht einfach da. Mit der Zeit habe ich gelernt, mit dieser Stimme zu leben, aber ihr nicht einfach nur zu folgen, sondern sie auch kritisch zu befragen und ihr etwas entgegenzusetzen. Hilfreich war sie mir im Verstehen ähnlich Betroffener. Der Partnerin, dem Partner, der Tochter, dem Sohn, dem Enkelkind, der Freundin, dem Freund wieder nahe zu sein und ein Leben ohne den schmerzlich Vermissten zu überwinden, das wünschen sich so viele, für die der Schmerz des Verlustes unerträglich ist.

Als **kleinen Schlüssel** möchte ich zu bedenken geben: Bei allem Verständnis für die Stimme der Sehnsucht, es gibt neben ihr auch *die Stimme des Glaubens,* der darauf vertraut, dass Menschen nicht alles, gerade nicht das Letzte, in die eigenen Hände nehmen, hier selber entscheiden müssen. Es ist das begründete *Vertrauen,* dass es nahe Menschen, Helferinnen und Helfer geben wird, die beim Abschiednehmen begleiten und ein Licht der Hoffnung anzünden werden. Tröstlich kann dabei sein die bereits erwähnte *Stimme nicht nur der Sehnsucht, sondern auch des Glaubens:*

„Wie wohl ist mir, wenn mein Gemüte hinauf zu dieser Quelle steigt, von welcher sich ein Strom der Güte zu mir durch alle Zeiten neigt, dass jeder Tag sein Zeugnis gibt Gott hat mich je und je geliebt."

(Altes Ev.Kirchengesangbuch Nr. 276, V.5)

„Sei mit uns auf unsern Wegen"

Das umfassendste Bild für das Leben ist wohl das *Bild vom Weg*. Wir gebrauchen es oft ganz unwillkürlich und sprechen dann von verschiedenen Abschnitten, Stadien oder Phasen auf dem Wege, im Lauf des Lebens. Sehr unterschiedliche Erfahrungen und Aussichten ergeben sich auf diesen Wegen: Höhen und Tiefen, herrliche Aussichtspunkte mit weitem Blick, weite Räume ebenso wie „finstere Täler"; Wege durch „grüne Auen" am „frischen Wasser" wie auch mühsame Wanderungen mit steinigen Abschnitten oder Aufenthalte in der „Dürre", in der „Wüste".

Alle diese Weg-Bilder brauchen nur für eine Weile vor unseren Augen auftauchen, und wir spüren sofort, dass sie Gleichnisse sind für Erfahrungen und Entwicklungen, die auch auf uns warten. Denn letztlich gibt es keinen Stillstand. Wir sind ständig unterwegs und *„wir haben hier keine bleibende Stadt"*, wie es in der Bibel heißt. (Hebräer 13.14)

Natürlich würden wir uns am liebsten vorwiegend auf herrlichen sonnigen Höhen aufhalten, in gehobener, heiter-gelassener Stimmung. Ist es nicht sehr verständlich, ja verlockend, die beschwerlichen, steinigen Wegstrecken umgehen, die Dunkelheiten, die engen Stellen, die „Durststrecken" abkürzen, oder ganz meiden zu wollen? Wir nehmen bisweilen viel auf uns, lassen es uns viel kosten, diese Abschnitte auszublenden. Um uns dann doch früher oder später eingestehen zu müssen: die schwierigen Strecken des Weges gehören dazu! Belastungen, Umwege und Irrwege gehören mit zum Weg als ganzem. *C.G. Jung* sagt:

„Der richtige Weg zur Ganzheit besteht aus schicksalsmäßigen Umwegen und Irrwegen."

Vielleicht entspricht die Vorstellung, es müsse immer einen geraden Weg geben, der allein zum Ziel führt, auch mehr unseren Wünschen als der Lebenswirklichkeit. Es gibt eben auch „krumme" Wege oder Umwege, *Wege* vielleicht *wie eine Spiralbewegung,* wo wir bisher wichtigen Themen und Erfahrungen (wie Kindheit, Beziehungen, Grund-Wünsche, Erfolge und Niederlagen, erfahrene Traumata etc.) wieder - auch auf ganz neue Weise - begegnen, dabei auch zu neuen Lösungen kommen, zugleich aber das, was bisher war, nicht einfach ein für alle Mal hinter uns lassen, „abhaken" können.

Hinzu kommt: Nur Sonnenschein auf dem Wege würde uns letztlich blenden und uns unempfindlich machen für Schattenseiten und Abgründe in uns selber und in anderen. Dem wirklichen Leben sind wir viel näher, wenn wir auch die dunkleren Lebensabschnitte, die Gegensätze und Spannungen nicht ausklammern, sondern gelten lassen und aushalten lernen. Es ist eine sehr mutige Arbeit, dies hinzunehmen, mit Enttäuschungen leben zu lernen, bisweilen den rechten Weg gar nicht mehr zu wissen und kein klares Ziel vor Augen zu haben.

Doch auch hier auf den so verschieden vorstellbaren Wegen gibt es einige **kleine Schlüssel.** Es gibt *Weggefährten, Menschen, die mit uns gehen.* Wir geben uns gegenseitig Orientierung und Halt. Es gibt die entlastende Erfahrung, mit anderen „in einem Boot" zu sitzen. Und es gibt die Möglichkeit, sich Tag für Tag Gott anzuvertrauen sowie *Paul Gerhardt* [58] es uns in dem bekannten Lied nahe legt:

> *„Befiehl du deine Wege und was dein Herze kränkt*
> *der allertreusten Pflege des, der den Himmel lenkt.*
> *Der Wolken, Luft und Winden gibt Wege, Lauf und Bahn,*
> *der wird auch Wege finden, da dein Fuß gehen kann."*

Wir können Gott bitten, uns zu bewahren und zu behüten:

„Bewahre uns Gott, behüte uns, Gott,
sei mit uns auf unsern Wegen.
Sei Quelle und Brot in Wüstennot,
sei um uns mit deinem Segen." [59]

Von dem „guten Hirten" können wir uns suchen und begleiten lassen und darauf vertrauen, was ein anderes kleines Lied so sagt:

„Du kannst nicht tiefer fallen als nur in Gottes Hand,
die er zum Heil uns allen barmherzig ausgespannt." [60]

So kann es uns gehen wie den tief verunsicherten, enttäuschten *beiden Jüngern auf dem Weg nach Emmaus (Lukasevangelium Kap. 24, 13-35).* Es wäre für uns auch ein **kleiner Schlüssel**, wenn wir uns in ihre Geschichte mit hinein nehmen ließen. Wie ihnen kann dann auch uns jemand entgegenkommen, der uns ein Stück unseres Weges begleitet. Wie sie können wir erzählen von unseren oft bitter enttäuschten Hoffnungen, von den Illusionen, die uns zerbrochen sind, von den Wünschen und Plänen, die durchkreuzt wurden. Doch weil wir noch miteinander in Beziehung sind, weil wir noch - wie die Jünger - miteinander sprechen, kann auch ein anderer mit uns   gehen und uns einen „*Schlüssel"* zeigen, der uns den Sinn unseres Weges aufzuschließen vermag.

Wir begreifen, dass die schwierigen Strecken dazugehören, dass wir nur durch sie hindurch zum Ziel gelangen. Der lebendige Jesus kann uns die Augen öffnen, Hinweise geben auf neue Chancen, die wir mit unseren „gehaltenen Blicken" nicht sehen konnten. Wir können ihn auch bitten:

„Bleibe bei uns; denn es will Abend werden,
und der Tag hat sich geneigt."
(Lukas 24,29)

Gerade dann, wenn es dunkel wird in unserem Leben, können wir ihn bitten, uns zu begleiten und bei uns zu bleiben. Wir werden tief berührt, machen uns neu auf den Weg und finden zurück zu den anderen Menschen, denen wir von unseren Erfahrungen erzählen können.

Viele Menschen haben sich bis heute ein Wissen davon erhalten, dass sie auf ihren Wegen *„nicht vom Brot allein"* leben, *„sondern von einem jeden Wort, das aus dem Mund Gottes geht."* Wir leben auch von einem *„Brot"* der Begleitung, der Nähe, des Segens Gottes. Diesen Segen erbitten wir gemeinsam und füreinander. Es tut uns gut, nicht allein zu bleiben, nicht alles nur selbst schaffen zu müssen. Dieser *„Schlüssel"* bleibt uns in jedem Falle, Gott zu bitten: vielleicht mit den Worten des erwähnten Liedes*: „Sei mit uns auf unsern Wegen… sei um uns mit deinem Segen."* [61]

Der goldene Schlüssel

Von einem *„kleinen goldenen Schlüssel"* hörten wir schon in dem Kapitel über „Lebenshilfe in den Märchen". Dass der kleine oder die kleinen Schlüssel etwas ganz Kostbares sein und uns zu verborgenen Gaben oder Schätzen führen können, ist wohl in den Hinweisen, die ich zu geben versuchte, deutlich geworden.

Die Sammlung der *„Kinder- und Hausmärchen"* der *Brüder Grimm* schließt mit der kleinen Erzählung *„Der goldene Schlüssel".* [62]

„Zur Winterzeit, als einmal ein tiefer Schnee lag, musste ein armer Junge hinausgehen und Holz auf einem Schlitten holen. Wie er es nun zusammengesucht und aufgeladen hatte, wollte er, weil er so erfroren war, noch nicht nach Haus gehen, sondern erst Feuer anmachen und sich ein bisschen wärmen. Da scharrte er den Schnee weg, und wie er so den Erdboden aufräumte, fand er einen kleinen goldenen Schlüssel. Nun glaubte er, wo der Schlüssel wäre, müsste auch das Schloss dazu sein, grub in der Erde und fand ein eisernes Kästchen. »Wenn der Schlüssel nur passt«, dachte er, «es sind gewiss kostbare Sachen in dem Kästchen.» Er suchte, aber es war kein Schlüsselloch da, endlich entdeckte er eins, aber so klein, dass man es kaum sehen konnte. Er probierte, und der Schlüssel passte glücklich. Da drehte er einmal herum. Und nun müssen wir warten, bis er vollends aufgeschlossen und den Deckel aufgemacht hat, dann werden wir erfahren, was für wunderbare Sachen in dem Kästchen lagen."

Die kleine märchenhafte Erzählung beginnt, wie so oft in den Märchen, mit einer schwierigen, harten Zeit oder gar Notzeit: *"zur Winterzeit".* Ein armer Junge muss Holz auf einem Schlitten holen. Fast ist es so als ob er schon einen „kleinen Schlüssel" bei sich hätte, denn er achtet bei aller Mühsal auf sich selbst und macht sich erst mal ein Feuer an, um sich ein bisschen zu wärmen. Er ist sich auch nicht zu schade, sich die Hände schmutzig zu machen, *„räumt den Erdboden auf"* und findet den *„kleinen goldenen Schlüssel".* Er bleibt dran, arbeitet weiter, bis er auf das *„eiserne Kästchen"* stößt. Das Schlüsselloch ist nicht einfach zu finden, doch schließlich *„passte er glücklich"*.

Die Geschichte endet offen: *„und nun müssen wir warten."* Ganz so lange müssen Sie vielleicht nicht mehr warten. Meine Absicht war es, Sie mit den **kleinen Schlüsseln** schon auf einige *„kostbare Sachen"* *in Ihrem gewiss auch auffindbaren Kästchen* hinzuweisen. *„Kostbare Sachen"* - wir sahen es -, das kann ja so vieles sein und muss auch nicht alles in ein Kästchen passen.

Es sind im weiteren Sinne unsere Lebens-Schätze wie z.B.: Erinnerungen an eigene wichtige Lebenserfahrungen; Bilder besonders von Menschen, denen Sie sehr verbunden sind, auch von denen, die nicht mehr bei Ihnen sind, die Sie aber in Ihren Herzen tragen wie einen „Schatz"; glückliche Erlebnisse mit Kindern oder Enkelkindern; Momente der Ruhe und Besinnung; Zeiten gehobener Stimmung und Freude ebenso wie tapfer ertragene und durchgestandene Tiefpunkte; berührende Melodien, Lieder, Musik in vielen Variationen; Märchen, Erzählungen, Romane, Gedichte, Lebensworte, Bilder, Träume; unvergessene Theateraufführungen; eine Landschaft, ein Park; vielleicht auch einige „Goldstücke", warum nicht… Erhalten Sie sich die Neugier, die Spannung, die Freude beim Entdecken oder Finden *Ihrer* „kleinen Schlüssel". Auf der Suche nach ihnen kann es Ihnen dann durchaus auch so gehen wie dem armen Jungen zur Winterzeit: *„Er probierte, und der Schlüssel passte glücklich."*

Anmerkungen

[1] Zitat von Charles Dickens, aus: Dickens, Hunted Down and other stories 2 dtv 1979, S. 78/79; im Original steht: *„A very little key will open a very heavy door."*

[2] Das C.G. Jung Lesebuch, S.162

[3] Ein Wort von Huub Oosterhuis, das ich auf einer Karte fand

[4] Ev. Gesangbuch, 610,1

[5] Theodor Fontane, Brief an seine frau, aus: Worte, die von Herzen kommem, S.77

[6] Brüder Grimm, Kinder- und Hausmärchen, Reclam Bd. 2, S. 442

[7] Bruno Bettelheim, Kinder brauchen Märchen, S. 12 u. S. 35

[8] z.B. Eugen Drewermann, Rapunzel, Rapunzel, lass dein Haar herunter, dtv

[9] Philipp Melanchthon: Rede über das unentbehrliche Band zwischen den Schulen und dem Predigtamt (1543), in: Michael Beyer, Melanchthon Deutsch Bd. 2 , S. 27

[10] aus: Gerhard Tersteegen, Geistliches Blumengärtlein

[11] Eduard Mörike: Zum neuen Jahr, aus: Gedichte und Erzählungen, Manesse, S. 50

[12] Jochen Klepper, Ev. Gesangbuch, 486

[13] Lied von Rolf Krenzer: Ein bunter Regenbogen

[14] Brückenlied: Detlev Jöcker

[15] vgl. hierzu. A. Grün, Versöhnung mit Gott

[16] ebd.

[17] Ev. Gesangbuch, 166,2

[18] Gedicht aus: Dietrich Bonhoeffer, Von guten Mächten wunderbar geborgen

[19] Henri J.M. Nouwen, Du bist der geliebte Mensch, S. 26

[20] Uwe Böschemeyer, Das heitere Enneagramm, S. 7

[21] Andreas Ebert, Die Spiritualität des Enneagramms, S. 13

[22] U. Böschemeyer, Du bist viel mehr, S. 35

[23] R.M. Rilke, Herbst, aus: Du musst das Leben nicht verstehen, Gedichte, S. 103

[24] C.G. Jung, zitiert aus: Rudolf Müller, Jorinde und Joringel, S. 71

[25] Antonius H.J. Gunneweg: „Wohl dem, der fragt", Predigt in: Der Gott, der mitgeht, Alttestamentliche Predigten, S. 56

[26] Ev. Gesangbuch 637

[27] Doris Krininger, Michael Wiedemann, Park Wilhelmshöhe Kassel, S. [28] vgl. dazu den Beitrag von Wilhelm Schmid in NDR Kultur vom 21.06. 2009, als PDF auf der Internetseite des Autors: „Immer nur positiv denken?"

[29] C.G. Jung, Die Lebenswende, aus: Das C.G. Jung Lesebuch, S. 156

[30] ebd. S. 161

[31] Zitat aus: Wilhelm Schmid, Essay in Brigitte, Heft1 2015: „Zu viel Ruhe wäre zynisch", Dossier „Wie halten wir die Welt noch aus?"

[32] vgl. dazu die Bücher von Wilhelm Schmid: Glück, alles, was Sie darüber wissen müssen, und warum es nicht das Wichtigste im Leben ist; Unglücklichsein, eine Ermutigung

[33] Brüder Grimm, Kinder- und Hausmärchen, Reclam Bd. 1, S. 390 ff

[34] Eugen Drewermann, Worte der Freiheit, Die Seligpreisungen Jesu, S. 9

[35] Wilhelm Schmid, Glück, S. 76

[36] André Gide, Aus den Tagebüchern 1889-1939, 1961, S. 312 f

[37] z.B. Ulrich Hegerl. Svenja Niescken: Depression bewältigen, die Lebensfreude wiederfinden; Anselm Grün, Wege durch die Depression, spirituelle Impulse

[38] A.Grün, Wege durch die Depression , S. 183

[39] Wunnibald Müller, Trau deiner Seele, S. 94

[40] nach dem Titel des Buches von Kurt Singer: Kränkung und Kranksein

[41] ebd. S. 152

[42] Ev. Gesangbuch, 612

[43] A Grün, Kleine Schule der Emotionen, S. 43

[44] Paul Tillich, Das neue Sein, S. 23 f

[45] Ev. Gesangbuch, 401,4

[46] A. Grün, Jesus als Therapeut [47] z.B. Dieter Schnocks: Was unsere Träume uns sagen wollen, Botschaften aus den Raum der Seele

[48] Eugen Drewermann, in: Träume, Deutung und Bedeutung, herausgegeben von Christian Meiser (Fischer Taschenbuch)

[49] Ev. Gesangbuch, 65

[50] Ludwig Reiners, Der ewige Brunnen, S. 943

[51] Paul Tillich, Das Ewige im Jetzt, S. 174f

[52] Martin Seel, 111 Tugenden, 111 Laster, Eine philosophische Revue, S. 20

[53] Ev. Gesangbuch, 557,1

[54] Dieter Schnocks, Mit C.G. Jung sich selbst verstehen, S. 40f

[55] Ludwig Reiners, Der Ewige Brunnen, S. 212

[56] Hermann Hesse, Stufen, aus: H. Hesse, Die Gedichte, Suhrkamp S.676

[57] Ein Lied, das leider nicht in das Evangelische Gesangbuch (1994) übernommen wurde. Im alten Ev. Gesangbuch steht es unter der Nummer 276. Es stammt von Gottfried Herrman (1707-1791), gesungen wird es nach der Melodie von „Wer nur den lieben Gott läßt walten" (EG 369)

[58] Ev. Gesangbuch 361,1

[59] ebd. 171

[60] ebd. 533,1

[61] ebd. 171,1

[62] Brüder Grimm, Kinder- und Hausmärchen, Reclam Bd. 2, S. 409

Hinweise zur Literatur und zum Weiterlesen

Franz Alt, Das C.G. Jung Lesebuch, 1984

Brüder Grimm: Kinder- und Hausmärchen, Reclam 2 Bände, 2010

Bruno Bettelheim: Kinder brauchen Märchen, dtv, 1980

Uwe Böschemeyer: Das heitere Enneagramm, Eine verständliche und humorvolle Typenlehre, 2009

ders.: Du bist viel mehr, Wie wir werden, was wir sein könnten, 2010

Charles Dickens, Hunted Down and other stories, dtv, 1979, zweisprachig

Eugen Drewermann: Rapunzel, Rapunzel, laß dein Haar herunter dtv 1992

ders.: Worte der Freiheit, Die Seligpreisungen Jesu, 2014

Andreas Ebert, Richard Rohr: Das Enneagramm Die neun Gesichter der Seele, 2009

Andreas Ebert: Die Spiritualität des Enneagramms, 2008

Anselm Grün: Der innere Raum, 2007

ders. : Jesus als Therapeut, 2011

ders. : Beitrag in der Monatszeitschrift „einfach leben": „Vergebung befreit"

ders. : Versöhnung mit Gott, Vier-Türme-Verlag, 2012

ders. : Kleine Schule der Emotionen, Herder 2013

Reinhard Haller: Die Narzissmusfalle, 2013

Antonius H.J. Gunneweg: Wohl dem, der fragt, Predigt zu Psalm 1. in: Der Gott der mitgeht, Alttestamentliche Predigten, S. 53-57, 1972

Ulrich Hegerl, Svenja Niescken: Depression bewältigen, Die Lebensfreude wiederfinden, 2013

Wunnibald Müller: Trau deiner Seele, 2002

Henri J.M. Nouwen: Du bist der geliebte Mensch, 1993

Stephen Peek, Woher kommt die Kraft zur Veränderung? Neue Wege zur Persönlchkeitsentwicklung, 2006
Wilhelm Schmid: Glück, alles, was Sie darüber wissen müssen, und warum es nicht das Wichtigste im Leben ist, 2007
ders.: Unglücklichsein, Eine Ermutigung, 2012
Dieter Schnocks: Was unsere Träume sagen wollen, Botschaften aus dem Raum der Seele, 2007
ders. : Mit C.G. Jung sich selbst verstehen, 2013
Martin Seel: 111 Tugenden, 111 Laster, Eine philosophische Revue, 2015
Paul Tillich: Das Ewige im Jetzt, Religiöse Reden Bd.3, 1964

Kontakt:

Pfarrer i. R.

Gerd Köthe,

Metzelsteinstr.15,

34125 Kassel,

Tel. 0561 8708880

E Mail: gerd.koethe@t-online.de

Zeitfracht Medien GmbH
Ferdinand-Jühlke-Straße 7
99095 Erfurt, Deutschland
produktsicherheit@kolibri360.de